Carl-Auer

W0075179

Michael Ebmeyer

NONBINÄR IST DIE RETTUNG

Ein Plädoyer für subversives Denken

2023

Reihe »update gesellschaft«
hrsg. von Matthias Eckoldt
Umschlagentwurf: B. Charlotte Ulrich
Layout und Satz: Heinrich Eiermann
Printed in Germany
Druck und Bindung: CPI books GmbH, Leck

Erste Auflage, 2023
ISBN 978-3-8497-0507-7 (Printversion)
ISBN 978-3-8497-8467-6 (ePUB)
© 2023 Carl-Auer-Systeme Verlag
und Verlagsbuchhandlung GmbH, Heidelberg
Alle Rechte vorbehalten

Bibliografische Information der Deutschen Nationalbibliothek:
Die Deutsche Nationalbibliothek verzeichnet diese Publikation
in der Deutschen Nationalbibliografie; detaillierte bibliografische
Daten sind im Internet über http://dnb.d-nb.de abrufbar.

Informationen zu unserem gesamten Programm, unseren Autoren
und zum Verlag finden Sie unter: https://www.carl-auer.de/.
Dort können Sie auch unseren Newsletter abonnieren.

Carl-Auer Verlag GmbH
Vangerowstraße 14 · 69115 Heidelberg
Tel. +49 6221 6438-0 · Fax +49 6221 6438-22
info@carl-auer.de

Inhalt

Einleitung

Dieses Büchlein feiert das Nonbinäre, es verteidigt das Nonbinäre, es pocht auf das Nonbinäre – das, was sich in kein Entweder-oder zwängen lässt. Dabei will es eher kein Beitrag zur Genderdebatte sein. Falls es einer ist, dann vermutlich kein relevanter. Die Genderdebatte braucht dieses Büchlein nicht. Aber dieses Büchlein braucht die Genderdebatte.

Indem sie volle gesellschaftliche Anerkennung für Transpersonen, für queere und fluide Geschlechtsidentitäten einfordert, hat die Genderdebatte das Nonbinäre auf die gesellschaftliche Tagesordnung gesetzt. Sie hat es zum Gegenstand einer Emanzipationsbewegung gemacht, zum Anlass für schrille Kontroversen – und für Hoffnungen auf einen sozialen Umbruch.

Um solche Hoffnungen soll es in diesem Essay gehen. Zu einer Debatte beitragen will er nämlich durchaus. Zu einer Debatte, die zurzeit aus diversen Gründen auf das Reizthema Gender oder Geschlechtsidentitäten verengt wird: die Debatte über das binäre Schema. Über das Denken in Oppositionen, in Dichotomien, in festen Gegensatzpaaren. Frau/ Mann, ja/nein, hell/dunkel, Tod/Leben, Sommer/Winter, gut/ böse. All die Entweder-oder-Einteilungen, in die wir uns die Welt ordnen oder ordnen lassen. Grundlagen unserer Wahrnehmung, Leitplanken unseres Denkens. Lauter Selbstverständlichkeiten. Lauter Zwanghaftigkeiten.

Ich werde nicht behaupten, dass es diese Gegensätze nicht gebe. Vielmehr gibt es sie zu sehr. Gegensätze ziehen uns an.

Ihre Dominanz in unserem Denken ist zugleich Voraussetzung für und Folge von Dominanz in einem viel weiteren Sinn: im Sinn des Prinzips vom Herrschen und Beherrschtwerden.

Das Denken in Oppositionen macht Hierarchien, wie wir sie gewohnt oder auch gründlich leid sind, erst möglich. So werden aus dem Gegensatz Mann/Frau ein »starkes« und ein »schwaches« Geschlecht gebaut, wird ein Muster von Herrschaft und Unterordnung gestrickt und ein paranoider Unterdrückungsapparat, bekannt als Patriarchat, errichtet.

Mit nicht immer so fatalen Folgen, aber in strukturell ähnlicher Weise werden Ansprüche auf Macht und Deutungshoheit auf fast jeder Ebene des menschlichen Miteinanders und seiner Überbauten erhoben. Sei es eine Aufteilung in Vorgesetzte und Untergebene im Erwerbsleben. Seien es Regierende und Regierte in der Politik. Sei es ein, wie auch immer umstrittenes, Oben und Unten in der Gesellschaft. Oder sei es Religion als Urform der Obrigkeitshörigkeit – die ausgerechnet in Diversitätsdebatten heute oft in Schutz genommen und unter dem Deckmantel der Identitätspolitik selbst in gewaltsam reaktionären Spielarten verhätschelt wird.

Das binäre Schema prägt und trägt die Zusammenhänge, in denen wir zu denken, zu sprechen und zu handeln gelernt haben. Es begründet, ein bisschen hochtrabend ausgedrückt, die Metaphysik, in der wir uns selbst verorten und in deren Gewand die Welt uns entgegenzutreten scheint. Das binäre Schema bildet den gängigen Rahmen für unsere Haltungen und Überzeugungen, für die meisten unserer Fixpunkte im Leben. Die Idee, dieses Schema in Frage zu stellen, ist dementsprechend alles andere als neu. Sie war nur in den letzten Jahrzehnten einmal mehr verdrängt oder wegsortiert worden. Bis die Genderdebatte sie wieder ausgemottet hat.

Ansätze zur Überwindung des Denkens in Gegensätzen gibt es wahrscheinlich ebenso lange, wie die Dominanz des Denkens in Gegensätzen schon wärt. Viele dieser Ansätze sind mystisch oder spirituell grundiert. Sie zielen darauf ab, den schmerzhaftesten aller Gegensätze, den von Leben und Tod, außer Kraft zu setzen. Ein höherer Bewusstseinszustand soll uns aus dem Entweder-Oder erlösen. Um solche Sehnsüchte wird es hier aber nicht gehen. Mein Essay möchte ganz von dieser Welt sein.

Dennoch wird er nicht so tun, als ließe sich das Nonbinäre als *feste Größe* behandeln. Die Gestalten, die es annimmt, sind wandelbar, fließend. Mal erscheint es als ein Raum, der sich zwischen Entweder und Oder öffnet und die Dichotomie verschwinden lässt. Mal tritt es als das vom binären Denken Verleugnete auf, dessen Anblick, und sei er noch so flüchtig, die Willkür einer herrschenden Ordnung zum Vorschein bringt. Das Nonbinäre verkündet selbst keine Herrschaft. Wenn es etwas verkündet, dann: *Keine Herrschaft*.

Einigen Raum werden in diesem Büchlein deshalb politische Versuche einnehmen, das binäre Schema zu sprengen. Die Absage an das Prinzip Herrschaft hat eine vielfältige und vielfach verteufelte ideologische Strömung hervorgebracht, die gerade in ihrer Ambivalenz inspirieren kann. Ich spreche von antiautoritären Bewegungen. Ich spreche vom Anarchismus als Wunschtraum und Experiment, als Schreckgespenst und

Unwort. Zumindest für einige anarchistische Ansätze im Denken und im sozialen Handeln möchte ich eine Lanze brechen.

Eine weitere Variante von Vorstößen ins Jenseits von Entweder-oder spielt sich auf epistemologischer Ebene ab. Aus der Beobachtung heraus, dass keine unserer Gewissheiten fraglos ist, sondern jeglicher Anspruch auf absolute Autorität oder unhintergehbare Wahrheit nur gewaltsam durchgesetzt werden kann – womit die Autorität oder Wahrheit eben nicht absolut ist, weil sie in Relation zur Gewalt steht –, spross ein blühendes Theoriegestrüpp. Diese Verfahren wollten die unablässige Subversion, die unsere Bedürfnisse nach festem Halt durchkreuzt, nicht verleugnen, sondern sie zum Vorschein bringen und sie für eine neue Art des kritischen Denkens nutzen.

Ich habe die beiden letzten Sätze im Präteritum geschrieben, weil die besagten Methoden, meist zusammengefasst unter dem Schlagwort *Dekonstruktion*, im jungen 21. Jahrhundert aus der Mode kamen und auf eine Reihe mehr oder weniger verächtlicher Zerrbilder reduziert wurden. In Gestalt der Genderdebatte erleben sie zurzeit jedoch ein Revival. Das ist einer der Gründe, aus denen die Genderdebatte zwar nicht das Hauptthema dieses Essays ist, wohl aber sein Leitfaden. Sie hat die Fragen, um die es hier gehen soll, unter dem Teppich hervorgeholt.

Und es sind dringliche Fragen. Wohin das binäre Schema mit seinen verfestigten Auswüchsen – Patriarchat, religiöse und quasireligiöse Dogmatismen (zu denen auch die Marktgläubigkeit zählt), Herrschaftsverhältnisse, die als unabänderlich behandelt werden – uns und die Welt zuletzt gebracht hat, wissen wir. An den Rand der Klimakatastrophe, als Extremfolge von *Macht euch die Erde untertan.* Zur Wiederkehr von Kriegsordnungen und Rüstungsspiralen, inklusive eines vermeintlich anachronistischen Aggressor-Typen, wie ihn der Präsident der Russischen Föderation verkörpert; aber auch, zum Beispiel, mit einer »Zeitenwende«, die der deutsche Bundeskanzler ausruft und die sich bisher vor allem als Trend zu einem lange überwunden geglaubten Militarismus äußert. Zu einem Rückfall in die Dichotomie des Kalten Krieges, diesmal zwischen den USA und China. Zu »Gottesstaaten«, in denen der Hass gegen Frauen offizielle Doktrin ist – unverhohlen brutal im Afghanistan der Taliban oder im Iran der Ayatollahs, etwas weniger grell bei WM-Gastgebern und anderen Öldiktaturen. Zum social-media-befeuerten Boom der Verschwörungserzählungen, von »Pizzagate« bis »Corona-Diktatur«. Zu neuen Gesetzen, mit denen die Dämonisierung und Verfolgung homosexueller und queerer Menschen vorgeschrieben wird, wie im Frühjahr 2023 in Uganda, aber in den letzten Jahren schon in Dutzenden anderer Staaten. Zum Aufstieg der Horrorclowns, die demokratische Systeme kapern und zerrütten; dass dieser Spuk mit der Abwahl eines US-amerikanischen und eines brasilianischen und dem Rückzug eines britischen Exemplars vorbei sein soll, ist leider kaum zu glauben. Und so weiter.

Wenn wir in den Grenzen des nationalstaatlichen Tellerrands bleiben wollen, könnte neben der »Zeitenwende« und den »Querdenkern« etwa die Einstufung mancher Unternehmen und Banken als »systemrelevant« mit auf die Liste. Oder die Präsenz einer aus besonders schlichten Dichotomien gestrickten rechtsextremen Partei in deutschen Parlamenten. Oder auch der politische Umgang mit Fetischen wie dem Verbrennungsmotor, mit Tabus wie dem Tempolimit oder mit Angstgegnern wie den »Klimaklebern«.

Heißt das, ich will das binäre Schema für jedes Übel in der Welt verantwortlich machen? Nein. Nicht unbedingt. Aber alle Elemente der Aufzählung von eben lassen sich auf das Wirken des binären Schemas in seiner aggressivsten Version – des autoritären *Wir gegen die* – zurückführen. Und je bedrohlicher, je monströser ein Problem wirkt, desto heftiger anscheinend der binäre Reflex, den es auslöst.

Gegen diesen Hang ist mein Büchlein angeschrieben. Es will seinerseits aber keine Heilsbotschaft verkünden, kein *Hören wir auf, das Nonbinäre zu verdrängen, dann wird alles gut.* Es soll skeptisch bleiben, auch gegenüber seinen eigenen Wahrheiten. Es ist ein unordentliches Plädoyer für antiautoritäre Denk- und Handlungsweisen. Eine kleine, hoffentlich anregende Reise in nichtbinäre Gefilde. Und es möchte dabei vor allem für das emanzipatorische Potenzial der Subversion werben.

Oder weniger feuilletonistisch, dafür in metaphysischer Strenge ausgedrückt: Im binären Schema hängen wir fest. Wir müssen uns aber dringend bewegen. Die Hoffnung ist nicht binär.

Ausgangspunkte

Wo es um die Anfänge der binären Denktradition geht, wird meist eine männlich-griechisch-antike Schule genannt, verbunden mit den Namen Sokrates, Platon und Aristoteles. Trat Sokrates zu Lebzeiten noch als Unruhestifter auf und musste den Giftbecher leeren, weil er angeblich die Athener Jugend verdarb und die Götter nicht achtete, so hält er in Platons *Politeia* als Advokat für einen ständisch organisierten Staat her, in dem jedem Menschen eine »naturgemäße« Aufgabe zukommt.

Platons streng hierarchische Ideenlehre wiederum, mit ihrer Annahme einer metaphysischen Wirklichkeit, von der alles, was wir wahrnehmen, nur ein schaler Abklatsch sei, wurde von den »Kirchenvätern« an christliche Herrschaftsmodelle angepasst. In Verbindung mit dem »Missionsbefehl« erwies sie sich dann über Jahrhunderte als flexible Grundlage für theologische Selbstherrlichkeiten, blutige Eroberungskriege, Terror und Unterdrückung im Namen des Herrn.

Aristoteles schließlich, der als philosophischer Allrounder zu einer gewaltigen Themenpalette hochkomplexe Argumente entwickelte, wird an einigen Punkten erschreckend simpel. Zum Beispiel, wenn es um die Sklavenhaltung geht. Da behilft er sich mit der Ausflucht, manche Menschen taugten nun mal zu nichts anderem, als Sklaven zu sein. Im nächsten Schritt betrachtet er Sklaven nicht mehr als Menschen, sondern handelt sie als Besitztümer ab, weshalb sie in der Dreiteilung seiner praktischen Philosophie in Ethik,

»Ökonomik« und Politik nicht unter die Ethik fallen, sondern unter die »Ökonomik«. Diese Entmenschlichung mag in einer Kultur, der das Gegensatzpaar Griechen/Barbaren (Prototyp für abendländische Rassismen) als seriöse Debattengrundlage galt, ihre trüben Gründe haben. Doch Aristoteles blieb – bei seiner »Wiederentdeckung« im europäischen Mittelalter ausdrücklich auch für seine Rechtfertigung der Sklaverei gefeiert und zu *dem Philosophen* schlechthin verklärt – bis weit in die Neuzeit und mit Nachwirkungen bis heute der Schutzpatron des westlich-autoritären Denkens.

Nun ist seit den drei alten Griechen ja viel passiert. Das binäre Schema hat sich dabei sehr flexibel gezeigt. So wurde der von Aristoteles noch für unzweifelhaft gehaltene Gegensatz freier Mensch/Sklave später doch energisch in Frage gestellt und in weiten Teilen der Welt irgendwann offiziell verworfen. Aber das Prinzip von Herrschaft und Unterordnung blieb in Kraft. Seine – nicht gesellschaftlich geächteten – Umsetzungen in die Praxis mögen heute größtenteils weniger abscheulich erscheinen als offenkundige Sklaverei. Zugleich überdauern Menschenhandel und Zwangsprostitution als globalisierte Gewaltverbrechen und bilden gigantische Märkte. Und die Bedingungen, unter denen zum Beispiel westliche Kleidungsmarken oder Agrarimporteure produzieren lassen, sind oft ebenfalls nur schwer gegen Sklaverei abzugrenzen.

Da heben wir im Schutz unseres gründlich durchliberalisierten binären Schemas seufzend die Schultern und finden das alles sehr schlimm; hoffentlich ändert sich mal was. Ja, das binäre Schema bietet viel Spielraum für Verhandlungen – meist als Errungenschaft erbitterter Kämpfe aus früheren Jahrhunderten. Es hat sich als anpassungsfähig genug für unversöhnliche Dispute erwiesen, für Umbrüche und Umstürze, von der italienischen Renaissance bis zur Russischen Revolution, von der Aufklärung bis zum Faschismus, vom Atheismus bis zur Befreiungstheologie, vom Imperialismus einer Isabel von Kastilien bis zum Feminismus einer Alice Schwarzer.

Wir brauchen das binäre Schema auch nicht zu verlassen, um festzustellen, dass geläufige Gegensatzpaare unterschiedlich plausibel ausfallen. Während es an Oppositionen wie Leben/Tod oder Tag/Nacht zumindest innerhalb unseres irdischen Erfahrungshorizonts wenig zu rütteln gibt, lassen sich Dichotomien wie kalt/heiß, groß/klein oder stark/schwach offensichtlich nur relativ bilden, im Sinn von: kommt auf den Rahmen, auf die Perspektive an. Andere, wie Körper/Geist, an denen sich die Philosophie endlos abzuarbeiten schien, wirken heute veraltet.

Und viele Grenzen, die nach dem binären Schema gezogen werden, erweisen sich – wie die Unterscheidung freier Mensch/Sklave – bei genauerem Hinsehen als nackte Willkür, nichts weiter als ein Ausdruck von Herrschaftsverhältnissen. Ihnen liegt kein irgendwie ehrenwertes Erkenntnisinteresse zugrunde, nicht einmal eine nachvollziehbare Hoffnung auf Sinn oder Seelenfrieden. Sie sollen bloß Vorrechte festschreiben oder Feindseligkeit anfachen, Misshandlung und Verfolgung rechtfertigen.

In der jüngeren Geschichte ist es vor allem die Einteilung in einheimisch/fremd oder zugehörig/nicht zugehörig, die zum Schlüssel wird, um dumpfe Ängste politisch zu instrumentalisieren, und die Verbrechen bis hin zum industriellen Genozid möglich gemacht hat. Acht Jahrzehnte nach dem Holocaust müssen wir nach Kontinuitäten dieser Perfidie nicht lange suchen. So dient beim heutigen Umgang von Akteuren wie der EU und den USA mit Geflüchteten der Gegensatz einheimisch/fremd (oder auch weiß/nicht weiß) als Basis, um die Verweigerung von Menschenrechten zum Sachzwang umzulügen. Im öffentlichen Sprachgebrauch wird die ausgrenzende Dichotomie verbrämt und taucht zum Beispiel in der Form legitim/illegal auf. Aus »fremd« wird bei Bedarf »kulturfremd«, um etwa einen unterschiedlichen Umgang mit geflüchteten Menschen aus der Ukraine und mit geflüchteten Menschen aus dem arabischen Raum oder aus Ländern südlich der Sahara zu rechtfertigen. Gerade in Situationen der systematisch unterlassenen oder verhinderten Hilfeleistung – wie bei den »Pushbacks«, wenn eine Küstenwache Boote mit Flüchtenden nicht, wie es die EU-Grundrechte-Charta vorschreibt, in Sicherheit bringt, sondern aufs offene Meer schleppt; oder wenn Regierungen Rettungsschiffe festsetzen lassen – schrumpft der Abstand zu einer Einteilung in »wertes« und »unwertes« Leben zusammen.

Als zweiter Fall von binärer Willkür sei das Gegensatzpaar jung/alt genannt. Hier ist der Missbrauch anders gelagert. Nach traditionell kapitalistischer Logik folgte Altersdiskriminierung, ähnlich wie die Abwertung von Menschen mit Behinderung, dem Muster, die Bevölkerung in produktiv/unproduktiv einzuteilen. Wobei – dank der noch mächtigeren Dichotomie arm/reich – die Bessergestellten sich von der Erfahrung, im Alter sozial aussortiert zu werden und der Gesellschaft ein Klotz am Bein zu sein, freikaufen konnten.

Heute hängt dem Alter ein Wust zusätzlicher Negativbilder an, den zu entwirren hier den Rahmen sprengen würde. Daher nur ein paar Schlagworte. Die Alten sind uninteressant, weil »keine relevante Zielgruppe«. Die Zuschreibung jung/alt ist kurzgeschlossen mit schön/hässlich. Vor allem von Frauen wird erwartet, dass sie sich für ihr Alter schämen und es aufwendig vertuschen. Der gängige Sammel- oder Kampfbegriff für politisch, wirtschaftlich und ideologisch Privilegierte, die jeden Zweifel an ihrer Autorität als Majestätsbeleidigung empfinden, lautet nicht *mächtige weiße Männer* oder *herrschende Chauvinisten*, sondern *alte weiße Männer* – als wären, anstatt ihrer Haltung, ihre angehäuften Lebensjahre ausschlaggebend dafür, dass sie den Karren in den Dreck fahren und es nicht wahrhaben wollen.

Noch ein drittes und letztes Beispiel für binären Budenzauber: das politische Links/Rechts. Da scheint die Entwicklung seit dem Ende des Ostblocks gegenläufig. Der Dualismus wird nicht vertieft, sondern verworfen. Die Einteilung links/rechts sei nicht mehr zeitgemäß, heißt es seit gut drei Jahrzehnten, denn sie halte an einer überwundenen Konfrontation zweier politischer Systeme fest. Auch Parteien, die sich selbst früher als links definierten, wie etwa die westdeutschen Grünen in den 1980er-Jahren, haben diese Sichtweise verinnerlicht und leisten sich heute allenfalls noch einen »linken Flügel«. Für die seit jeher nichtlinken Parteien ist die Abkehr von der Dichotomie ohnehin ein Erfolg. Entweder sie sind marktgläubig und wollen den Triumph ihrer Ideologie feiern. Oder sie stehen weit rechts und haben ein Interesse daran, die Grenzen des öffentlich Sagbaren dorthin zu verschieben, ihre Positionen zu normalisieren, sie als *bürgerlich* oder *konservativ* zu bemänteln. Der forcierte Abschied von der Links-Rechts-Ordnung ist kein Abschied vom binären Schema, sondern ein Ritual, um das vermeintliche »Ende der Geschichte« zu begehen. Platt gesagt: Die Kategorien Rechts und Links werden nicht abgeschafft, sie werden bloß umkodiert zu Sieg und Niederlage.

Im Sommer 1989 veröffentlichte der Politikwissenschaftler Francis Fukuyama seinen Essay *The End of History?*, in dem er – noch mit Fragezeichen – angesichts des absehbaren Zusammenbruchs der Sowjetunion die Prognose wagte, bald würden sich Marktwirtschaft und liberale Demokratie weltweit und für immer durchgesetzt haben. Doch kaum hatte Fukuyama seine Ankündigung der finalen Synthese, die in Hegels Dialektik den Fluchtpunkt der Geschichtsphilosophie bildet, auch noch zu Buchlänge aufgebläht (nun ohne Fragezeichen im Titel), machte ihm der nächste weltpolitische Mansplainer die Deutungshoheit streitig: Samuel Huntington trumpfte mit dem *Clash of Civilizations* auf – eingedeutscht zum »Kampf der Kulturen«. In der Essay-Version ebenfalls mit Fragezeichen, in der Buchfassung abermals ohne. Damit war die Dichotomie wieder in aller Munde. An die Stelle des zerfallenen Ostblocks trat zwar nun eine ganze Reihe von »civilizations« (»Kulturräumen« in der deutschen Übersetzung), die Gemengelage wurde also komplizierter. Multi- statt bipolar, zurück zu Oswald Spengler statt vorwärts mit Hegel. Es blieb aber beim Prinzip des Gegeneinander. Huntington schreckte auch nicht davor zurück, dieses auf ein *Der Westen gegen den Rest* zuzuspitzen. Wobei er präzisierte, vor allem auf Stress mit dem chinesischen und dem islamischen »Kulturraum« müsse der Westen sich gefasst machen.

Einerseits wurden diese Thesen bereits in den Neunzigern von der Politikwissenschaft zerfleddert. Anderseits sind sie doch weniger schlecht gealtert als die von Fukuyama. Immerhin machte Huntington schon »kulturelle und religiöse Identitäten« als entscheidende Größen beim »Clash« aus, was ja heute die Lieblingsreferenz der Modedisziplin *Identitätspolitik* ist. Und dass China und der Islam gegenwärtig die größten Probleme bereiten, lasen wir doch jeden Tag in den Medien. Bis der russische Präsident den Überfall auf die Ukraine befahl. Jedenfalls ist das binäre Schema auch auf der Leitartikelebene nach wie vor bestens in Schuss.

Nur die politischen Kategorien Links und Rechts gelten seit Fukuyama und Huntington als überholt. Wenn eine Partei sich unter diesen Umständen noch *Die Linke* nennt, dann wohl um sich selbst als nostalgische Sekte zu etikettieren. Dementsprechend bringt so eine Partei Gestalten wie Sahra Wagenknecht hervor, die fleischgewordene Hufeisentheorie, heimlicher Liebling aller Konservativen und Liberalen.

Die Hufeisentheorie ist, was vom wegerklärten Links/ Rechts übrig bleibt: ein rhetorischer Trick, um die Extreme des politischen Spektrums in einen Topf zu werfen. Je weiter du dich in die eine Richtung radikalisierst, desto näher kommst du denen, die sich in die andere Richtung radikalisieren. So lehrt es uns der Kult der politischen Mitte; so wird Haltungslosigkeit als postbinäre Haltung propagiert, so werden Querfront und »Querdenken« ideologisch eingepreist, so wird Faschismus rituell verharmlost *(auch nicht schlimmer als die Antifa)*. Aber lassen wir uns nicht täuschen: Wenn die AfD Sahra Wagenknecht umwirbt, zeigt das nicht, dass die Hufeisentheorie stimmt, sondern dass eine Galionsfigur der dogmatischen Linken nach rechts gedriftet ist. Solche Entwicklungen sind bei autoritären Persönlichkeiten alles andere als ungewöhnlich.

Der Mittekult lässt das binäre Schema nicht hinter sich, er hüllt es bloß in dichten Nebel. Heimat und Götze all derer, die über Herrschaftsverhältnisse nicht reden wollen: Die Mitte ist ein hinterhältiges Konzept. Doch hier muss ich mich am Riemen reißen, sonst komme ich zu weit vom Thema ab. Die Hinterhältigkeit der Mitte kann sich ein kleiner Essay über das Nonbinäre nicht auch noch vornehmen.

Das binäre Schema ist also dehnbar und strapazierfähig. Viele kluge Köpfe halten deshalb an ihm fest, selbst wenn sie einen Großteil der in diesem Büchlein aufgeführten Vorbehalte teilen. Sie meinen, alle Einwände ließen sich innerhalb des binären Schemas verhandeln. Zumal ein Ausstieg aus ihm eh nicht wirklich gelingen könne (allenfalls als Stückwerk, zudem immer nur vorläufig) und sich zwischen Schwarz und Weiß doch potenziell endlose Grauzonen erstreckten.

Ich werde zu begründen versuchen, warum es dennoch besser wäre, wir könnten uns vom binären Schema lösen. Herausforderungen wie die als »Klimawandel« verharmloste menschgemachte Zerstörung der Ökosysteme oder die Gefahr eines neuen, multipolaren Wettrüstens im Rahmen des binären Schemas zu bewältigen, ist etwa so aussichtsreich, wie die katholische Kirche von innen heraus zu reformieren. Nicht auszuschließen, dass es irgendwann klappen könnte. Aber so viel Zeit haben wir nicht.

Ein Unterschied zu früheren Situationen, in denen sich das binäre Schema nicht nachhaltig erschüttern ließ und Versuche, es zu überwinden, sich totliefen, liegt darin, dass die Bedrohung unserer Lebensgrundlagen allzu konkret geworden ist. Spitzte sich der Kalte Krieg auf den Dauer-Cliffhanger zu, ob ein Patt der Atommächte die Herren an den roten Knöpfen davon abhalten könnte, das Ende der Welt, wie wir sie kennen, einzuläuten, so lässt sich zum Umgang mit der Klimakatastrophe keine brauchbare binäre Versuchsanordnung konstruieren. Es sei denn, man hält *Rette sich, wer kann* für eine brauchbare Versuchsanordnung.

Auffällig, oder? Keine der politischen Parteien, die heute beim Gender-Thema bremsen, bietet ein taugliches Konzept zur Abwendung der Klimakatastrophe. Hier besteht kein notwendiger Zusammenhang. Aber leider ein realer. Und ich würde zwar nicht behaupten wollen, dass aus den Grauzonen des binären Schemas heraus eine »Klimawende« gar nicht zu schaffen wäre; schließlich geht es a) um Leben und Tod und b) darum, gegenüber apodiktischen Aussagen misstrauisch zu bleiben. Doch die so gerne beschworene Transformation wäre viel eher und gerechter hinzubekommen, wenn wir uns nicht mehr am binären Schema festklammern würden.

Zum Maßstab politischen Handelns keine Herrschaftsinteressen zu erheben, sondern das Wohl aller von der Katastrophe bedrohten Lebewesen: Das klingt nur deshalb kitschig, weil ein solches Umdenken oder Umschwenken im Rahmen des binären Schemas utopisch erscheint. Allemal naiver als die Vorstellung einer nonbinären Wende ist aber die Annahme, es könnte eine gute Lösung im Weiter-so geben.

Das binäre Schema als Leitmodell für politische Entscheidungen bringt eine Festungsmentalität hervor. Eine Festung bietet wenigen Schutz und nach kurzer Zeit niemandem mehr Freiheit. Wo seit der Aufklärung – gerade hatten wir es ja noch von Hegel – der Mythos eines Fortschritts hin zu »mehr Menschlichkeit«, zu Frieden und Freiheit, zu Gerechtigkeit und Solidarität gepredigt worden ist, schreitet heute der Abbau entsprechender Errungenschaften voran. Der schleichende Rückzug aus den Verpflichtungen der Genfer Konvention; die Rehabilitierung rassistischer Schablonen, um die systematische Missachtung von Menschenrechten zu begründen; die Abschottung in Gated Communities als Modell zum Überleben der Happy Few (»Gemeinschaft« nicht als Miteinander, sondern als *Gegen die anderen):* So beginnt die Zukunft im Zeichen des binären Schemas.

Warum nonbinäre Ansätze besser sind? Weil sie den Formeln zur Ausgrenzung die Grundlage entziehen. Weil sie Beweglichkeit verlangen und keine Erstarrung zulassen. Weil sie das Prinzip vom Herrschen und Beherrschtwerden aushebeln. Wo sich der Gender-Diskurs aus dem binären Schema befreit, werden Transpersonen und fluide Geschlechtsidentitäten nicht mehr diskriminiert und pathologisiert, nicht mehr in ihrer Existenz verleugnet. Die Zuordnung zu einem festgelegten Geschlecht entfällt als Zwangsmaßnahme und als Kriterium von Macht und Ohnmacht. Damit bricht auch der ideologische Apparat zur Unterdrückung der Frauen zusammen: Das Patriarchat implodiert. Deshalb die Wut und Panik, in die der »Genderwahn« längst nicht nur erklärte Machos stürzt. Die Auflösung des strikten Geschlechterdualismus greift auf jedes autoritäre Weltbild über – und vereitelt das Streben danach, überhaupt ein autoritäres Weltbild zu errichten.

Hier kann die Übertragung starten. So wie beim Gender setzen nichtbinäre Denkbewegungen die geläufigen Ausgrenzungsmechanismen auch in jedem anderen Bereich außer Kraft. Und mit ihnen die Rituale und Routinen der Machtausübung. Nichtbinäres Denken widersetzt sich der Logik der Festung. Es entlarvt jede rassistische oder suprematistische Haltung, und sei sie noch so sehr mythisch überhöht, als ein Gemisch von Herrschsucht und Feigheit. Ohne binäres Schema ist kein Totalitarismus möglich. Ohne binäres Schema lässt sich aber auch die Kunst, in einem Regierungsbündnis faule Kompromisse auszuhandeln, nicht mehr zum Hochamt der Demokratie verklären. Sie wird sichtbar als ein Ringen um die Durchsetzung kurzsichtiger Klientelinteressen, bei dem alle Beteiligten der Irrlehre vom Recht des Stärkeren huldigen. Zum Beispiel, wenn die als »Fortschrittskoalition« angetretene Ampel sich kriselnd zusammenrauft, indem sie das zahnlose »Klimaschutzgesetz« der letzten Merkel-Regierung weiter verstümmelt. Ein nonbinärer Ansatz könnte nicht zu solchen Ergebnissen führen, denn sein Maßstab, seine Referenz wäre immer die – Achtung, Buzzword – Diversität. Sie will er bewahren und nicht irgendeine Form von Oberhand. Beim Klimaschutz hätte er keine Dominanzwünsche im Blick, sondern die Rettung der Ökosysteme. In ihrer Diversität. Für ihre Diversität.

Kleiner Einschub: Auch im Namen des Nonbinären werden autoritäre Konzepte verfochten. Nicht zu knapp. Um das zu überprüfen, genügt eine Stippvisite bei einem beliebigen Strang der Genderdebatte in einem beliebigen sozialen Medium. Immer wird es Beiträge geben, die der Diversität und dem Ende der binären Tyrannei das Wort reden, dabei aber ebenso herrisch und kaum weniger gewaltsam daherkommen als die Ideologie, gegen die sie sich richten. Ihr Fluchtpunkt ist nicht die Überwindung des binären Schemas, sondern ein Machtwechsel. Sie streben eine neue Ordnung für das binäre Schema an, in der dann andere Leute als bisher das Sagen hätten. Über das Phänomen, dass nichtbinäre Denkbewegungen vereinnahmt oder vorgetäuscht werden, um Herrschaft durch Herrschaft zu ersetzen, werden wir im Verlauf dieser kleinen Reise einige Male stolpern. Eine Strategie zum Umgang mit derlei gespiegeltem und bemänteltem Dominanzstreben schält sich dabei hoffentlich heraus. Doch einen griffigen Abwehrzauber kann ich nicht formulieren. Apropos: Auch meine eigene Befangenheit in einer autoritären Sprache wird gelegentlich Thema sein.

Zunächst aber noch ein Wort zu den Gegensätzen, die das binäre Schema ausmachen und die ja nicht einfach verschwinden, wenn wir sie als etwas Kontingentes oder Konstruiertes erkennen. Wie gesagt, ich werde auch nicht abzustreiten versuchen, dass es diese Gegensätze gibt. Um zu glauben, wir könnten ganz ohne sie auskommen, fehlt mir die mystische Zuversicht (die Erleuchtung sowieso). Doch ich werde die Gegensätze nicht als metaphysische Wahrheiten behandeln, sondern als Muster oder Gewohnheiten unserer Wahrnehmung: als »sinnhafte Fiktionen«, um einen Begriff zu entleihen, den der Strukturalist Lothar Fietz im Anschluss an Hans Vaihingers *Philosophie des Als Ob* prägte.

Sinnhafte Fiktionen treten an die Stelle von Gewissheiten, wenn wir uns eingestehen, dass Gewissheiten nicht absolut sind, sondern abhängig vom Wissenshorizont einer Zeit und eines Umfelds, von kulturellen und sozialen Prägungen, persönlicher Bildung und ideologischer Ausrichtung, sogar von der Sprache, in der wir sie formulieren. Auch drängende Debatten, akute Problemlagen und individuelle Vorlieben oder Befindlichkeiten können Einfluss auf sie haben.

Wir nutzen sinnhafte Fiktionen, um uns in der Welt – vor allem in der Gesellschaft, in der wir leben – zurechtzufinden.

Wichtig ist aber, zumindest wenn wir dem binären Schema nicht ausgeliefert sein wollen, dass wir sie nicht für etwas objektiv Vorhandenes halten. Zurzeit erscheint zum Beispiel die Unterscheidung zwischen natürlicher und künstlicher Intelligenz als eine sehr bedeutsame sinnhafte Fiktion. Aber wer weiß, ob sich diese Trennung angesichts der rasanten Entwicklungen im Bereich der KI in zehn oder zwanzig Jahren noch aufrecht erhalten lässt.

Die Entscheidung, nicht so zu tun, als könnten wir das Denken in Gegensätzen aufgeben, es aber zumindest konsequent unter Vorbehalt zu stellen, wirkt sich auch auf das Verhältnis dieses Büchleins zur Genderdebatte aus. Es feiert das Nonbinäre, schrieb ich ja eingangs und finde es wichtig, an der Stelle ein Verb wie *feiern* zu verwenden. Trotzdem soll es nicht Queerness als Heimatgefühl anbieten. Weder Queerness im mittlerweile geläufigen Sinn, bezogen auf Geschlechtsidentitäten, noch in einem weiteren Rahmen, als nichtbinäre Perspektive auf die Welt. Den Wunsch nach Heimatgefühlen finde ich zwar sehr verständlich, erst recht im Kampf gegen Bevormundung, Ausgrenzung und Verunglimpfung. Irgendwoher muss der Mensch Trost nehmen und Kraft schöpfen. Dass von Diskriminierung direkt Betroffene und Aktivist*innen (hier ist es endlich mal, das gefürchtete Gendersternchen; auch darauf werde ich zurückkommen), die sich alltäglich mit der übergriffigen Macht des binären Schemas herumschlagen müssen, zum Ausgleich Halt an eigenen Gemütlichkeiten oder Unerbittlichkeiten suchen, ist mehr als nachvollziehbar. Dieser Text soll aber ohne Heimatgefühle auskommen.

Und ich gestehe, bei der Arbeit daran ist die Versuchung, aus binär/nonbinär praktisch wieder eine bequeme Dichotomie nach dem Muster *Wir gegen die* zu machen, so groß, dass ich ständig gegen sie anschreiben muss. Deshalb wird das Büchlein möglicherweise mit einigen Anliegen des transpolitischen Aktivismus nicht solidarisch erscheinen. Es hat zum Beispiel ein Problem mit der Trans-cis-Unterscheidung. Auf sie legt der aktivistische Diskurs großen Wert – so großen Wert, dass er dazu neigt, sie als binären Gegensatz zu konstruieren und zu behandeln. Das mag sich nicht immer vermeiden lassen, wo es um ein Empowerment angesichts konkreter oder latenter Gewalterfahrungen von Transpersonen geht. Im Kontext der hier vorgeschlagenen Argumentation ist es aber absurd. Sie zielt ja darauf ab, nicht an den Mustern des Herrschaftsdenkens festzuhalten.

Als Plädoyer für das Antiautoritäre muss dieser Text auch der Genderdebatte gegenüber skeptisch sein, obwohl oder gerade weil es ihn ohne sie nicht gäbe. Er hat der Genderdebatte viel zu verdanken, doch zu einigen ihrer Spielarten steht er quer – besonders da, wo sie sich an identitätspolitische Dogmen koppelt.

Nun aber erst einmal zum Werkzeugkasten der Subversion.

Gespenster

Die Genderdebatte ist längst breit gefächert und fein verästelt. Sie wird vielstimmig geführt, bildet ein ausgedehntes Forschungs- und Minenfeld, ist Steckenpferd und Schlachtross, Lebens- oder Lebensabschnittsthema für unzählige Menschen. »Gendersensibilität« ist in einer Gesellschaft wie dieser heute nicht nur an Hochschulen, sondern in so gut wie jedem Bereich des Bildungssystems, aber auch im Kulturbetrieb, in Teilen der Politik und an vielen Behörden fester Bestandteil des kommunikativen Mainstreams. Zugleich bietet das Schlagwort *Gender* weiterhin reichlich Anlass für pawlowsche Reflexe, für polemische Exerzitien und für Fantasien vom Untergang des Abendlandes. Wütende Väter ziehen gegen vermeintlichen Sternchenzwang an den Schulen ihrer Kinder vor Gericht, Funktionär*innen rechter Parteien versuchen sich zu profilieren, indem sie gegen »Sprachverhunzung« und »Gehirnwäsche« wettern, im strukturkonservativen Kabarett wird der Gram über den Verlust der alten Übersichtlichkeit abendfüllend. Andererseits sind Berührungsängste – *Ich weiß gar nicht, wovon genau da die Rede sein soll* – mittlerweile leicht abbaubar. Websites wie *genderdings.de* (gefördert vom Bundesfamilienministerium) erleichtern in schlichter Sprache und berufsjugendlichem Ton den Einstieg in die komplexe Materie.

Lauter gute Gründe, warum dieser Essay kein relevanter Beitrag zur Genderdebatte zu sein beansprucht, aber große Hoffnungen in die Genderdebatte setzt. Weil sie der entscheidende Schritt sein könnte, um das binäre Schema als solches in Zweifel zu ziehen und im großen Stil nach nichtbinären Auswegen zu suchen.

Die umfassende Debatte über das Nonbinäre ist alles andere als neu, doch zurzeit wird sie eher subkutan geführt, wie es eine sprachlich extravagante Akademikerin in den Neunzigern vielleicht formuliert hätte. (Damals war es schick, medizinische Fachbegriffe auszuwildern.) Wobei die Debatte über das Nonbinäre in den Neunzigern gar nicht mal so unterschwellig geführt wurde. Sondern, zumindest an den Hochschulen, einigermaßen offenherzig. Denn eine erkenntnis- und literaturtheoretische Herangehensweise hatte an Einfluss gewonnen, deren Anliegen es nicht war, substanzielle Gewissheiten zu erweitern, sondern sie unentwegt zu hinterfragen. Diese Verfahren – der Philosoph Jacques Derrida nannte sie *Dekonstruktion* – spürten den Bewegungen nach, die in jeder sprachlichen Äußerung das Streben nach Eindeutigkeit unterlaufen. Glitschige Gespenster wie die *différance* (Derridas berühmteste Wortschöpfung, die eine Gleichzeitigkeit von *Aufschub* und *Unterschied* artikuliert), das *Supplement* oder die *Schrift* selbst (als endlos interpretierbare Erscheinungsform des Wortes, im Gegensatz zur Illusion eines »anwesenden Ursprungs«, die in der auf Platon zurückgehenden autoritären Schule der gesprochene *Logos* schafft) vereiteln das Bedürfnis, irgendwo einen verbindlichen Sinn dingfest zu machen. Wann immer wir ihn fixieren wollen, entschlüpft er und flötet dabei noch ein »Später vielleicht«. Noch im scheinbar solidesten Fundament von

Herrschaft bringt die Dekonstruktion frivole Flüchtigkeit zum Vorschein. Und ist das einmal geschehen, bleibt von der Solidität nicht viel übrig.

Als Radikalvariante einer philosophischen Tradition des Zweifelns und Aufbegehrens führte die Dekonstruktion die bis dahin vereinzelten Fäden eines antimetaphysischen, antiautoritären Denkens zu einem Nicht-System zusammen. Hartnäckig verwiesen Derrida und seine Mitstreiter*innen auf das »Spiel des Anderen im Sein«, vor dem kein noch so gewaltsam behauptetes Absolutes bewahrt bleibe.

Die größte Provokation für die Anhängerschaft der Metaphysik – oder des Logozentrismus – lag in Derridas Aussage »Il n'y a pas de hors-texte«. In der deutschen Übersetzung von Hans-Jörg Rheinberger und Hanns Zischler wurde daraus etwas hölzern: »Ein Text-Äußeres gibt es nicht.« Gayatri Spivak wählte für ihre englische Fassung die geschmeidige, aber umstrittene Lösung: »There is nothing outside the text.« Und jedenfalls wurde dieser Satz – anfangs bloß eine Art Zwischenergebnis auf halber Strecke von Derridas Buch *Grammatologie* – zum Hebel aller Versuche, die Dekonstruktion als ein Bündel weltfremder Taschenspielertricks abzutun (*Haha, die behaupten, alles wäre bloß Text, wie Elfenbeinturm ist das denn?*). Oder, schlimmer noch, als Einfallstor für einen Relativismus, der jede Ethik zerredet.

Viele Impulse zur Dekonstruktion kamen tatsächlich weniger aus der akademischen Philosophie als von daher, wo alles Text zu sein scheint: aus der Literaturwissenschaft. Das ist einerseits kein Wunder, waren es doch literarische Texte aus der sogenannten Avantgarde, die das subversive Spiel im Untergrund der Sprache zuerst aufgriffen und selbst zum Schreibverfahren machten. Sei es die scheinbar kristallklare, sich aber jedem Deutungszugriff entziehende Lyrik Stéphane Mallarmés; sei es die aus Wortvermischungen, -überlagerungen und -durchkreuzungen gebildete Sprache in James Joyces *Finnegans Wake;* seien es die Strategien zur Demontage fester Gender-Referenzen in der Prosa von Virginia Woolf: Es waren literarische Texte der Moderne, die das kritische Denken auf die Spur der *différance* brachten. Andererseits führte diese »Herkunft« dazu, dass die Dekonstruktion den amtierenden Gralshüter*innen der Philosophie von Beginn an doppelt suspekt war. Nicht nur sinnzersetzend und dem Ernst der Metaphysik spottend, sondern obendrein dem plebejischen Sumpf der Belletristik entstiegen. *Die philosophieren ja gar nicht richtig.*

Natürlich kann die Dekonstruktion zum hohlen Ritual verläppern. Zwar wurde, als sie in Mode war, gerne behauptet, sie sei schwierig anzuwenden, aber dies von einer neuen analytischen Methode zu sagen, gehört ja auch zum Zeremoniell. Die größte Hürde war und ist allemal die Hemmschwelle, sich auf einen derart respektlosen Umgang mit intellektuellen Heiligtümern einzulassen. Wer diese Hürde genommen hat, verfügt mit der *différance* und den anderen Gespenstern über ein Instrumentarium, mit dem sich jeder noch so gewaltige Text gegen den Strich lesen und aller »höhere Sinn« demontieren lässt. Daraus kann ein mechanisches, unverbindliches Spielchen werden – muss es aber nicht.

Derrida schreibt, und zwar unmittelbar bevor er sein *Il n'y a pas de hors-texte* heraushaut, es gehe ihm um »allgemeine Feststellungen [...], die sich auf die Abwesenheit des Referenten oder des transzendentalen Signifikats beziehen«. Also nicht darum, ohne Not die ganze Welt zum Text zu erklären oder gar die eigene Arbeit mit Texten zum Maß aller Dinge zu erheben. Eher darum, dass die Subversion, die sich in der Sprache zeigt, jeden Bereich unserer Wahrnehmung erfasst. Dass unser Bedürfnis nach festem Grund, unser Wunsch nach metaphysischer Verbindlichkeit nie erfüllt, immer nur aufgeschoben wird. Denn uns ist keine Wahrheit zugänglich, die der Bewegung der *différance* entgeht. Nichts, was wir äußern, nichts, was wir denken können, ist von ihr ausgenommen. Deshalb bedeutet die Dekonstruktion so eine tiefe Kränkung für autoritäre Persönlichkeiten. Sie unterläuft die »totalisierende Praxis«, ohne die kein Anspruch auf Herrschaft oder Hoheit zu rechtfertigen ist.

Den Begriff »totalisierende Praxis« für unsere gewohnten, von der metaphysischen Illusion getragene Formen von Wahrnehmung, Sinnsetzung und Kommunikation verwende ich im Anschluss an die Überlegungen der Philosophin Sarah Kofman zu den Denktraditionen, denen sich die Dekonstruktion widersetzt. Darauf, dass die Dekonstruktion selbst unweigerlich Teil der totalisierenden Praxis ist, kommen wir demnächst zurück.

So wie sich das Wirken der *différance* nicht auf Texte im engeren Sinn beschränkt, beschränken sich die Verfahren der Dekonstruktion nicht auf Lektüren nach herkömmlichem Verständnis. Ihr subversives Instrumentarium lässt sich gegen die totalisierende Praxis auf jeder Ebene richten. Sie ist auf Debatten und auf politische Strukturen anwendbar, auf gesellschaftliche Institutionen, auf Zuschreibungen wie *Geschlecht* – und überhaupt auf jeden Aspekt des binären Schemas. Ähnlich wie sie sich selbst von literarischen Texten inspirieren ließ, hat sie sich ihrerseits auf diverse Kunstformen belebend ausgewirkt. Einige ihrer Früchte, zum Beispiel Filme von David Lynch oder Spike Jonze, von Sophia Coppola, Álex de la Iglesia oder Peter Greenaway, sind – Ironie der kulturellen Gedächtnisproduktion – mittlerweile kanonisch geworden. In der Architektur hat sie eine eigene Stilrichtung hervorgebracht, den Dekonstruktivismus. Dem wegweisenden Bündnis von Dekonstruktion und Feminismus soll sich das nächste Kapitel gesondert widmen.

Zumindest bis zur Jahrtausendwende galt die Dekonstruktion in einer Reihe akademischer Fachbereiche als das große Ding. Manchmal trat sie im Duo mit ihrer spröderen Schwester auf, der Systemtheorie, sodass der forschende Nachwuchs sich aussuchen konnte, ob er sich eher auf die schillernd-mondäne oder auf die nüchtern-soziologische Version des Abschieds vom Totalisieren verlegen sollte. Wo dekonstruktive Methoden nicht ausdrücklich angewandt wurden, schlugen sie sich in dezenter benannten Konzepten nieder, wie etwa den schon erwähnten »sinnhaften Fiktionen«, die uns Lothar Fietz in seinen Vorlesungen zur englischen Literatur an der Universität Tübingen schmackhaft machte. Auch ich wurde zum Deko-Fanboy und schrieb eine ausufernde Magisterarbeit zum Thema *Lachen über den Sinnentzug* und *subversives Erzählen;* die Verknüpfung von Dekonstruktion mit der Theorie und Praxis des Komischen lag mir besonders am Herzen.

Meine – und nicht nur meine – Hoffnung war, dass die Auseinandersetzung mit den epistemologischen Zumutungen, die die Dekonstruktion zur Sprache brachte, und die fortwährende Arbeit mit ihren Werkzeugen eine antiautoritäre Praxis hervorbringen könnte. Dass sie mehr und mehr über den akademischen Rahmen hinaus wirken und sich in sozialem und politischem Aktivismus niederschlagen würde. Als tätige Subversion des Schemas von Herrschaft und Unterordnung. Der Umbruch im Denken fing gerade erst an, für einen Umbruch im Handeln galt es die Voraussetzungen zu schaffen.

Ja, mit dem Dekonstruieren hätte es noch lange weitergehen können. Aber so funktioniert Geisteswissenschaft nicht. Und so wirkt sie sich vor allem nicht gesellschaftlich aus. Die bisher einzigen Bereiche, in denen das emanzipatorische Potenzial der Dekonstruktion einigermaßen konsequent politisch genutzt wird, sind der Feminismus und die LGBTQ+-Bewegung. Auf allen Ebenen der gesellschaftlichen Debatte verfing das Klischee, Dekonstruktion sei nichts weiter als ein dekadentes Hobby, das eine Zeit lang einige Leute mit einer wissenschaftlichen Methode verwechselten.

An den Hochschulen hat diese Lesart, außer mit der Rache gekränkter Metaphysiker*innen, viel mit Aufmerksamkeitsökonomie und mit Mechanismen der Wachablösung zu tun.

Auch diejenigen, die antraten, um jahrtausendealte Idole zu stürzen, waren für die nächste Generation wieder Idole, die es zu stürzen galt. Die Regeln des akademischen Schichtwechsels sind ein binäres Schema für sich. Und so musste in Reaktion auf eine Bewegung, die stabile Referenzen auflöste und auf die Parole *Alles ist Text* banalisiert wurde, eine Gegenbewegung das Individuum in seiner vermeintlich stabilen Identität wieder auf den Thron heben.

Allerdings – bleiben wir fair – war diese Rückbesinnung auf das Identitätsdenken zunächst vor allem ein Weg, um die Forderung einzulösen, dass endlich jene gehört werden sollten, die in den etablierten gesellschaftlichen und wissenschaftlichen Hierarchien immer zum Schweigen verdammt waren: die *Subalternen,* wie es in Anlehnung an einen von dem italienischen Philosophen Antonio Gramsci geprägten Begriff hieß. Die Unterdrückten, Ausgebeuteten, Verleugneten; die im und vom Diskurs der Herrschaft mundtot Gemachten.

Die Direktverbindung zwischen dieser Wiederkehr des Individuellen unter geänderten Vorzeichen und der Dekonstruktion bildet eine Strömung in der Kulturwissenschaft, die sich Postkolonialismus nannte. Ein Wort, das heute fast altmodisch klingt, mittlerweile wird ja eher von »dekolonial« gesprochen als von »postkolonial«. Andererseits ist mir zu dieser Begriffsklauberei eine Bemerkung der bolivianischen Soziologin Silvia Rivera Cusicanqui sympathisch: »Das Postkoloniale ist ein Begehren, das Antikoloniale ein Kampf, das Dekoloniale ein unverschämter Neologismus.«

1988 veröffentlichte die indische Literaturwissenschaftlerin Gayatri Spivak den Essay *Can the Subaltern Speak?* Darin entwarf sie eine Reihe analytischer Strategien, um aufzudecken, wie Strukturen der Kolonialherrschaft auch Jahrzehnte nach dem offiziellen Ende der Unterdrückung fortbestehen. Wie sich europäisches oder westliches Denken weiterhin gegen ein bevormundetes »Anderes« in Gestalt der früheren Kolonien formuliert. Wie wissenschaftliche und ideologische Diskurse den angeblich nicht mehr Subalternen immer noch keine eigenen Stimmen zugestehen. Und wie Frauen in postkolonialen Gesellschaften oft »doppelt in den Schatten gerückt« werden – drangsaliert vom Patriarchat in seiner jeweiligen Ausprägung und obendrein vereinnahmt von westlichen Projektionen nach dem Muster »White men saving brown women from brown men«.

Spivaks *Can the Subaltern Speak?* trug entscheidend dazu bei, dass die *Postcolonial Studies,* zuvor nur mit einzelnen Namen wie Frantz Fanon oder Edward Saïd verbunden, in den akademischen Mainstream gelangten. Und Spivak selbst kommt von der Dekonstruktion: Sie hat Derridas *Grammatologie* ins Englische übersetzt, sie hat die von ihm vorgeschlagenen Verfahren aus nichteuropäischer Perspektive hinterfragt, weiterentwickelt und nutzbar gemacht, um die Subalternen zur Sprache zu bringen.

Warum habe ich dann die antikoloniale oder allgemein die antirassistische Bewegung nicht als Beispiel für politische Wirksamkeit der Dekonstruktion genannt? Ich gebe zu, es ist eine polemische Auslassung. Denn mir scheint, die antikoloniale Bewegung hat sich von ihren dekonstruktivistischen Anteilen weitgehend abgewandt. Es gibt diese Elemente noch, aber sie führen ein Nischendasein. Weitaus breiter machen sich Ansätze, bei denen das von Spivak ausdrücklich als Provisorium angelegte Konzept eines »strategischen Essentialismus« zur einzigen Haltung wird.

»Strategischer Essentialismus« bedeutet, die Identitäten von Unterdrückten vorübergehend nicht als konstruiert zu behandeln, sondern als wesenhaft – um ihre Stimmen, wenn sie trotz der fortwirkenden kolonialen Gewalt endlich hörbar werden, nicht gleich wieder in Frage zu stellen. Im Zeichen dieser Haltung werden dringliche Debatten, etwa über »kulturelle Aneignung«, über »Critical Whiteness« oder über den Umgang mit islamischem Fundamentalismus, heute oft auf eine unerträglich autoritäre Weise geführt. Damit meine ich nicht so sehr Unsitten wie das »Canceln«, das viel seltener vorkommt, als es uns scheinheilige rechte Rhetorik weismachen will. Gefährlicher ist die andere Seite der Medaille: dass Positionen, die – um einen weiteren Gramsci-Begriff zu verwenden – als *nicht hegemonial* markiert sind, unantastbar sein sollen.

Im Fall des sogenannten Islamismus beispielsweise erzeugt dieses Quasi-Tabu eine Umkehr der von Spivak beschriebenen *White-Saviour*-Attitüde. Mädchen und Frauen werden im Namen der Religion (in ihrer, na klar, »einzig wahren« Auslegung) einem brutalen Chauvinismus unterworfen, der sich »als Garant der natürlichen Ordnung aufspielt«, wie die katalanisch-marokkanische Schriftstellerin und Feministin Najat El Hachmi schreibt. Die Nachfahr*innen der Kolonisatoren aber bieten ihnen keinen Beistand an, mit dem Argument: »Da mischen wir uns nicht ein, das wäre ja rassistisch.« Auch dies ein Zitat aus El Hachmis Essay *Wir wollen die ganze Freiheit*, den – der Transparenz halber sei es erwähnt – ich ins Deutsche übersetzen durfte. Sie resümiert: »So erreicht der islamische Fundamentalismus sein Ziel, einen Bannkreis um die Frauen zu schlagen, die er für sein Eigentum hält.«

Hinter dem Hang, Praktiken von Herrschaft und Unterordnung da nicht anzuzweifeln, wo sie sich als Elemente einer marginalisierten Identität ausgeben, steht in diesem Fall die Entscheidung, eine Religion – obendrein in Gestalt einer gewalttätig reaktionären Strömung – nicht als Bekenntnis, sondern als »Wesenszug« der von ihr Betroffenen aufzufassen. Das mag ein besonders grelles Beispiel sein, doch es hat reale, verheerende Auswirkungen auf das Leben von Millionen Frauen (und nicht nur Frauen).

Der »strategische Essentialismus« neigt zum Exzess. Er erlaubt es, auch autoritäre Mythen und suprematistische Grausamkeiten als Teil der Emanzipation einer diskriminierten Minderheit zu verkaufen. Er wird missbraucht als Weg zur Wiederkehr von Unterdrückung und Ausbeutung durchs bunt bemalte *Diversity*-Hintertürchen.

Also schnell noch einmal zurück zur Dekonstruktion. Und weil wir es gerade vom Essentialismus haben, sei hier in aller Kürze die Reflexion über den inhärenten Widerspruch eingeflochten, mit dem sich die Dekonstruktion immer plagen muss. Derrida merkte an: »Es ist sinnlos, auf die Begriffe der Metaphysik zu verzichten, wenn man die Metaphysik erschüttern will. Wir verfügen über keine Sprache – über keine Syntax und keine Lexik –, die nicht an dieser Geschichte beteiligt wäre. Wir können keinen einzigen destruktiven Satz bilden, der nicht schon der Form, der Logik, den impliziten Erfordernissen dessen sich gefügt hätte, was er gerade in Frage stellen wollte.«

Derart verstrickt sind wir in die totalisierende Praxis, dass wir uns nie ganz aus ihr befreien können. Das ist in gewisser Weise auch das Argument derer, die meinen, wir sollten unsere Energie nicht damit verschwenden, Fluchtwege aus dem binären Schema zu graben, sondern, um Lösungen für drängende Probleme zu suchen, lieber die Grauzonen des binären Schemas ausreizen. Und ja, vielleicht läuft es praktisch immer darauf hinaus. Ich hoffe dennoch, einigermaßen plausibel dargelegt zu haben, warum ich es für besser halte, sich dem binären Schema, so gut es geht, zu entziehen.

Nur, wie kann das aussehen? Bleiben wir für den Moment bei der Schrift. Die Bewegung der ständigen Subversion in die eigenen Schreib-Weisen einzubinden ist, Derridas taktisch-resigniertem Seufzer zum Trotz, zwar durchaus möglich und, wie erwähnt, auch ausgiebig erprobt worden. Aber eben vornehmlich in der Belletristik. Das im deutschen Sprachraum bekannteste aktuelle Beispiel, speziell im Hinblick auf Genderfluidität, dürfte Kim de l'Horizons *Blutbuch* sein, das 2022 sowohl mit dem Schweizer als auch mit dem Deutschen Buchpreis ausgezeichnet wurde. Thomas Meineckes Gespräche mit Carolin Bohn, Regina Toepfer und Bettina Wahrig, die unter dem Titel *Ozeanisch schreiben. Drei Ensembles zu einer Poetik des Nicht-Binären* ebenfalls 2022 als Buch erschienen, eröffnen im Oszillieren zwischen Literaturtheorie, Textproduktion und Performance einen Spiel-Raum, um dem binären Schema zu entweichen. In diesen Richtungen wird hoffentlich noch vieles folgen. Und doch halte ich den Ansatz, auch Sachbücher dekonstruktiv zu schreiben, für eine Beinahe-Sackgasse. So gelten etliche der späteren Texte Derridas, in denen er sich mit der von ihm selbst konstatierten Ausweglosigkeit der Metaphysik nicht mehr tatenlos abfinden wollte, als berüchtigt hermetische Übungen. Auch Spivak wird gerne vorgeworfen, sie drücke sich kryptisch aus, worauf sie mit dem abgründigen Bonmot reagierte: »Unfortunately I do understand everything I say.«

Sei dem, wie es sei: Schreiben im Einklang mit der Subversion wird meist mühsam auf mehreren Ebenen. Und wenn es nicht Lyrik ist, benötigt es viel Platz – und vor allem viel Geduld bei den Lesenden. Fluider noch als die Bewegungen des Textes sind zudem oft die Grenzen zwischen Ambition und Unvermögen.

In diesem Büchlein verkneife ich mir solche Experimente weitgehend. Ich schreibe es so, als wären klare Aussagen und sichere Wahrnehmungen kein großes Problem. Dezente Verfremdungseffekte versuche ich gelegentlich zu haschen, als Hommage an das Spiel der Zeichen, doch die meiste Zeit totalisiere ich, was das Zeug hält. Mein Plädoyer für das Nonbinäre, für subversives Denken und antiautoritäres Handeln, löst in seiner Form kaum ein, was es inhaltlich vermitteln will (der Gegensatz Form/Inhalt ist ja auch wieder so ein metaphysischer Pflock). Die Ausrede dafür lautet, dass ich einigermaßen eingängig schreiben möchte. Mein Essay ist vielleicht keine leichte Lektüre, aber er soll keine schwere sein. Darum gendere ich auch nicht konsequent. Ich verwende ab und zu das Sternchen, es ist als Diversitätsblinker ja inzwischen etabliert. Dass ich Partizipien wie »Lesende« gebrauche, halte ich für guten Stil. Doch ich verzichte auf weitere *All-inclusive*-Symbole. Bei einem Text wie diesem ist für mich die Zugänglichkeit ein Hauptanliegen. Zu den fließenden Grenzen zählen auch die zwischen Gendersensibilität und *Nur für Clubmitglieder* oder zwischen Diversitätskompetenz und Herrschaftswissen. Unter solchen Erwägungen muss mein Essay seine Strecke finden und seine Haltung wahren. Und er soll möglichst knackig bleiben.

Da es mir performativ ungeschickt vorkäme, zum Schluss eines Kapitels über Werkzeuge der Subversion ein Zwischenfazit zu ziehen, hier bloß eine Beobachtung. Den rituellen Bemühungen, die Dekonstruktion verächtlich zu machen, sie als Realitätsflucht oder Schaumschlägerei abzutun, ist das heutigen Wettern gegen das Nonbinäre im Genderdiskurs frappierend ähnlich. Bei den Angriffen gegen die eine wie das andere werden Schubladen wie *krankhaft* oder *dekadent* aufgerissen, je nach Selbstverständnis der Wütenden mehr oder weniger verblümt. Die trotzige Abweichung von der binären und autoritären Norm wird als Beleidigung für den gesunden Menschenverstand behandelt. Dazu kommt mir ein Zitat der spanischen Journalistin Begoña Gómez Urzaiz in den Sinn: »Alle Welt weiß, wenn jemand den gesunden Menschenverstand beschwört, will er erreichen, dass du rechts wählst.«

Die Genderdebatte wird viel breiter geführt, als es die Debatte um die Dekonstruktion jemals wurde; gerade darin liegt ja die Chance. Bei der Dekonstruktion war es ein Streit unter Akademiker*innen, der nach ein paar Jahren verebbte und ein feuilletonistisches Vorurteil hinterließ. Wenn es heute ums Gendern geht, tobt nichts Geringeres als ein »Kulturkampf« – das ist zumindest die Vokabel der Wahl in den zuständigen Medien. In diesem Kampf scheint seitens des angeblich gesunden Menschenverstands jedes Mittel recht. Die Genderdebatte wird auf das Thema Toiletten verengt wie die Dekonstruktion auf *Alles ist Text*. Die Angst vor dem Nichtbinären muss verdammt groß sein.

Schauen wir uns als Nächstes an, wie Dekonstruktion und Genderdebatte zusammengefunden haben.

Troublemakers

Mein Lieblingsmythos über Mann und Frau ist, dass das Patriarchat errichtet wurde, weil Männer zwar vielleicht mehr Muskelkraft haben, aber keine Kinder bauen können. Das himmelschreiende Unterlegenheitsgefühl gegenüber dem Wunder der Schwangerschaft – gegenüber Körpern, die imstande sind, neue Menschen hervorzubringen – bedingt all die Heldenmythen und Machtansprüche der traurigen Herren. Deren Beitrag zum Fortbestand der Spezies ist lächerlich gering und muss deshalb maßlos überhöht werden. Die Vorstellung, im Sperma sei das Baby bereits als *Homunculus* enthalten und wachse im Mutterleib bloß noch auf Geburtsgröße an, genügte dafür nicht. Das erigierte Glied hatte der Fetisch schlechthin zu sein, der männliche Minderwertigkeitskomplex härtete zur Phallokratie aus. Und in ritueller Verkehrung wurde er – der Minderwertigkeitskomplex – den Frauen zugeschoben: »Wir müssen das Wesen der Frauen als etwas natürlich Mangelhaftes sehen«, forderte Aristoteles geradezu händeringend. Und so weiter.

Das Hadern der Männer mit ihrer elementaren Unfähigkeit schlägt sich nicht allein in wirren Zuschreibungen nieder, sondern in einer Herrschaftspraxis, die bei der Reduzierung der Frau auf ihre Funktion als Mutter längst nicht Halt macht. Die Obsession »Jungfräulichkeit«; Genitalverstümmelung, um Frauen die Freude am Sex zu nehmen; überhaupt die Dämonisierung weiblicher Lust; die mörderische Dichotomie Heilige/Hure; aber auch die Zwangsmaschinerie um Sünde, Versuchung und Zölibat: Wo immer es an der Macht ist, neigt das Patriarchat zu bösartigen Wucherungen.

Seine ideologische Basis bildet das binäre Schema in Gestalt eines strikten Mann-Frau-Gegensatzes und des Prinzips von Herrschaft und Unterwerfung. Diese Grundlage ist so zerbrechlich, dass sie sich nur unter brutalem Druck aufrecht erhalten lässt. Schon die Möglichkeit, innerhalb des binären Schemas Grauzonen zu bilden, bringt sie zum Zittern. Sie duldet keine *Männerbilder.* Sie steht und fällt damit, dass nur eine Art von Männern existiert. Insofern ist es ein großer Erfolg – vielleicht sogar ein Erfolg, hinter den es kein Zurück mehr gibt und der über kurz oder lang das Ende des Patriarchats besiegelt –, wenn zur Binsenweisheit wird, dass sich von der »toxischen« bis zur »fragilen« Männlichkeit ein weites Feld erstreckt. Ein Trümmerfeld. *Habemus Habitus,* jedoch in tausend Splittern.

Die maßgebliche Definition des Männlichen im Patriarchat geht immer in Richtung *Rape Culture* (was für ein ekelhaftes Wort). Der Mann sei ein »Raubtier«, ein schwanzgesteuerter Eroberer. Nur auf diese Weise lässt sich anscheinend das glitschige Phänomen Männlichkeit dingfest machen: um den Preis eines unauflösbaren Widerspruchs. Denn der Mann soll ja nicht nur eine atavistische Bestie sein, sondern zugleich der große Rationalisierer. Hüter der Vernunft und Wissenschaft, rechtmäßiger Eigentümer der Deutungshoheit. Wie geht das zusammen?

Selten setzen sich Wahrer*innen traditioneller Maskulinität diesem Widerspruch aus. Das Männliche muss das Absolute bleiben, egal wie verquer es selbst konstruiert ist. Seine Herrschaft darf nicht in Frage stehen. Das patriarchale Paradoxon wird weder benannt noch betrachtet. Alle Männer haben zu sein – oder auftreten zu wollen –, wie der selbsternannte General Arroyo aus Carlos Fuentes' Roman *Der alte Gringo*, dessen Penis nie erschlafft und allzeit bereit vor sich hin pocht. Ein Rollenbild zwischen Wunschtraum und Erwartungsdruck, im echten Leben projiziert zum Beispiel auf eine Gestalt wie Mick Jagger. Über dessen Sexualität hieß es in, ich weiß nicht mehr, welcher Hommage zu, ich erinnere mich nicht, welchem seiner runden Geburtstage: »Kann immer, will immer, muss immer.« Zugleich ist Mick Jagger optisch ja kein Kraftprotz, eher der geschmeidige, nervöse Typ, und viele Menschen glauben gerne, dass er auch mal mit David Bowie im Bett gewesen sei.

Schon wieder sind wir auf Glatteis geraten. Das Männerbild ist nicht zu halten. Der Paradigmenwechsel verläuft jedoch furchtbar schleppend, im unwägbaren Wechsel von Fortschritten und Rückfällen. Über hundert Jahre ist es her, dass James Joyce in *Ulysses* seinen Leopold Bloom als »the new womanly man« pries – als bräche gerade das Zeitalter der Softies an, der »Frauenversteher«. Im selben Herbst übernahmen in Italien die Faschisten die Macht, und im darauffolgenden versuchten in Deutschland schon einmal die Nazis zu putschen. Wiederum fast zwei Jahrhunderte früher stand das vorherrschende männliche Selbstverständnis, zumindest in gebildeten Kreisen, im Zeichen der *Empfindsamkeit*. Der Anblick einer Gewitterlandschaft ließ die Herren vor Rührung in Tränen ausbrechen, auf die sie stolz waren. Zugleich wurden in Mitteleuropa noch Frauen und Mädchen der Hexerei bezichtigt, gefoltert, enthauptet, verbrannt.

Hier und heute dürfte – zumindest solange kein identitätspolitischer Etikettenschwindel betrieben und zum Beispiel die Unterdrückung von Frauen im Namen einer Religion als schützenswerte kulturelle Eigenheit behandelt wird – die Tendenz stärker denn je sein, Erzählungen und Dogmen zurückzudrängen, die männliche Herrschaft für naturgegeben oder gottgewollt erklären. Wird es diesmal reichen, um die Dichotomie Macho/Weichei wirklich hinter uns zu lassen? Sind Erscheinungen wie die »Incels« (Männer, die aus dem Unglück, dass keine Frau von ihnen was wissen will, eine Hassideologie bis hin zum Anrecht auf sexuelle Gewalt ableiten) oder die »Pick-up Artists« (die glauben, die Mär von der natürlichen Überlegenheit des Mannes bringe todsichere Abschlepptipps hervor) nur das letzte Rumpeln eines Auslaufmodells? Hoffentlich.

Die Ausweitung der Grauzone: Sie ist es, die das binäre Schema einerseits auch in Zeiten des massiven Zweifels erhält und die andererseits den Weg zu seiner Überwindung weist. Überwunden wäre das binäre Schema, wenn die Grauzone keine Grauzone mehr wäre und auch kein Trümmer-, sondern ein als selbstverständlich empfundenes Spielfeld der Diversität. Es gäbe kein maßgebliches Männerbild mehr. An seine Stelle träte eine Bandbreite an nichtgewalttätigen Männlichkeiten, und diese Bandbreite wäre für immer neue Varianten offen.

Gerade für Männer in meinem oder noch höherem Alter scheint es mir hilfreich, unsere eigene Haltungen und Verhaltensmuster in Sachen Gender auch rückblickend zu hinterfragen. Ein aktuelles Beispiel dafür bietet Christian Ditloffs Buch *Prägung. Nachdenken über Männlichkeit,* 2023 erschienen: eine Analyse der, wie Ditloff sagt, »patriarchalen Zurichtung« eines deutschen Mittelschichtjungen in den 80er- und 90er-Jahren. Zwar besteht in Zeiten des wohlfeilen Bekenntnisfurors die Gefahr, dass solche Selbstkritik zur Pose gerinnt. Aber immer noch besser, als wenn sie ausbleibt.

Ob die Hegemonialisierung neumodischer Negativbegriffe wie *heteronormativer Cis-Mann* das binäre Schema zu überwinden hilft, halte ich dagegen für zweifelhaft. Wird da nicht wieder ein dichotomisches Feindbild konstruiert, anstatt das Dichotomische zu dekonstruieren? Das Wort *Cis* wurde in den aktivistischen Sprachgebrauch aufgenommen, um einen binären Gegensatz zu *Trans* zu schaffen; damit wäre Trans allerdings keine nonbinäre, fluide Kategorie mehr, sondern eine totalisierende. Und ich sollte mich sicher nicht aus dem Fenster lehnen, so geschwollen, wie ich selbst gerade daherschreibe – aber Menschen, die in einer breiten und dringlichen gesellschaftlichen Debatte auf Soziologie-Sprech wie *heteronormativ* bestehen, wecken leicht den Verdacht, sie würden lieber unter sich bleiben.

Genug jetzt von Männerbildern, schließlich befinden wir uns in einem Kapitel über Feminismus (zumindest habe ich ja eins angekündigt). Wie brutal im binären Schema »das Weibliche« ins Stereotyp gepresst wird, ist sattsam bekannt: »Das schwache Geschlecht«, rettungslos irrational, von Gefühlen und Hormonen überschwemmt, nur in Ausnahmefällen zur Mathematik und selbst dann nicht zum Einparken fähig, etc. Jede beliebige Zuschreibung aus dem traditionellen Repertoire ist ein Ausdruck des erwähnten Unterlegenheitsgefühls der Zuschreibenden. Frauen, die mit Worten oder Taten gegen ihre institutionalisierte Erniedrigung aufbegehrten, wurde jahrhundertelang die Weiblichkeit abgesprochen. Eine Frau, die sich nicht unterordnen und sich nicht für dumm verkaufen lassen will, könne ja wohl keine echte Frau sein. »Und zum Zeichen deiner Emanzipation / beginnt bei dir der Bartwuchs schon« – diesen Reim hielt Westdeutschlands »Konsensbarde« Reinhard Mey noch 1972 für die würdige Schlusspointe eines Chansons. Und ach, ich weiß, der arme Herr Mey, er hat es nicht verdient, auf sein gehässigstes Lied reduziert zu werden. Aber er hätte sich die Nummer ja auch sparen können. Dann müsste ich mir hier ein anderes Beispiel suchen und hätte es nicht ganz so leicht. *Annabelle* – musikalisch eine hübsche Verneigung vor dem gleichnamigen Shimmy von Ray Henderson aus dem Jahr 1923 – hechelt in vier Minuten alle Vorwürfe des um seine Privilegien bangenden Mannes an den (damaligen) Feminismus durch: »intellektuell«, »negativ«, »destruktiv«, lust- und konsumfeindlich, mürrisch, pessimistisch, unverständlich, herrschsüchtig. Besonders fasziniert mich der Vers »Wenn ich zu ihren Füßen lieg, / dann üb ich an mir Selbstkritik«. Das eigene, männliche Handeln und Reden zu hinterfragen, wird gleichgesetzt damit, sich der »emanzipierten« Frau zu unterwerfen. Verkehrte Welt, höhö.

Fast ein Vierteljahrhundert bevor sich der Barde das »Emanzen«-Bashing nicht verkniff, hatte Simone de Beauvoir die Willkür und Gewaltsamkeit der Zuschreibungen, die das Konzept *Frau* unter patriarchalen Bedingungen ausmachen, in die geflügelten Worte gekleidet: »On ne naît pas femme, on le devient« – »Wir kommen nicht als Frau zur Welt, wir werden erst dazu.« (In der geläufigen Übersetzung von Grete Osterwald liest sich der Satz etwas anders, aber mir erscheint ihre Version in diesem Fall heikel; wer rasch abgleichen möchte, findet sie vielfach im Internet zitiert.)

Simone de Beauvoirs *Le deuxième sexe,* in dem die geflügelten Worte den Einstieg zum »Zweiten Buch« bilden – die Originalausgabe erschien in zwei Bänden –, ist ein Meilenstein nicht nur der feministischen Literatur. Es ist zugleich Pionierinnentat und Mammutwerk im besten Sinn, von enzyklopädischer Breite, philosophischer Tiefe und analytischer Schärfe, obendrein großartig geschrieben. »Eine Offenbarung«, um es mit der amerikanischen Feministin Kate Millett zu sagen. Beauvoir begründete mit diesen Bänden, auf Deutsch *Das andere Geschlecht* betitelt, ein ganzes Forschungsfeld: die Gender Studies. Sie seziert ein Weltbild, das auf jeder Ebene durchdrungen ist von der Annahme, es gebe »einen absoluten Menschentyp, nämlich den männlichen«. Die Frau werde immer »mit Bezug auf den Mann determiniert und differenziert, er aber nicht mit Bezug auf sie. Sie ist das Unwesentliche gegenüber dem Wesentlichen. Er ist das Subjekt, er ist das Absolute: Sie ist das Andere.« Im Dienst dieser ungleichen »Dualität« wurde der gesamte ideologische

Überbau der patriarchalen Gesellschaft errichtet: »Gesetzgeber, Priester, Philosophen, Schriftsteller und Gelehrte haben alles eingesetzt, um zu beweisen, dass die Unterordnung der Frau im Himmel gewollt und für die Erde nützlich sei.«

Dieser deutungshoheitliche Aufwand führt dazu, dass es »die Frau« außerhalb ihrer sozialen Rollen nicht gibt: »Keine biologische, psychische oder ökonomische Bestimmung legt die Gestalt fest, die der weibliche Mensch in der Gesellschaft annimmt.« Das »andere Geschlecht« ist keine essenzielle Kategorie, kein Wesenszug, auch keine körperliche Eigenschaft. Es ist ein Effekt der Sozialisierung, als Rückseite des metaphysischen Modells, das die Herrschaft der Männer unantastbar machen soll. All dies formulierte Beauvoir schon 1949. Und sie ging noch weiter: »Es existiert keine scharfe biologische Trennung zwischen den beiden Geschlechtern.«

Le deuxième sexe war auf Anhieb ein Bestseller. In Frankreich gingen binnen einer Woche 22.000 Exemplare über den Ladentisch, bis heute sind es mehr als 500.000. Das Buch ist in vierzig Sprachen übersetzt worden und hat sich weltweit millionenfach verkauft. Der Vatikan setzte es auf seinen *Index librorum prohibitorum,* die Liste von Lektüren, die als schwere Sünde galten, und dort blieb es bis zur Abschaffung des Indexes. Im Spanien der Franco-Diktatur wurde es ebenfalls verboten. Von den Beschimpfungen und Tätlichkeiten, die sie nach der Veröffentlichung erlitt und die sie dazu bewegten, Paris für längere Zeit zu verlassen, berichtet Beauvoir im dritten Band ihrer Memoiren, *La force des cho-*

ses. Neben der christlichen und politischen Rechten wüteten gehäuft Kommunist*innen gegen das Buch, als Erzeugnis einer »dekadenten« und »pornografischen« bourgeoisen Ideologie. Damals wie heute: Die Empörung, wenn die Männerherrschaft in Frage gestellt wird, eint Autoritäre fast jeder Couleur.

Trotz seines Erfolgs war *Le deuxième sexe* zunächst ein Solitär. Die Frauenbewegung hatte in den 1920ern in vielen Ländern große Ziele erreicht – das Wahlrecht, den Zugang zu den Hochschulen – und danach an Schwung verloren, auch wenn andere Anliegen, wie das Recht auf Abtreibung und sexuelle Selbstbestimmung, unverwirklicht blieben. Der Nationalsozialismus hatte prominente Feministinnen wie Alice Salomon, Anita Augspurg und Lida Gustava Heymann zur Auswanderung gezwungen, doch die Tendenz zum Rückfall in alte Rollenbilder beschränkte sich weder auf Nazideutschland, noch hatte sie sich mit dem Ende des Zweiten Weltkriegs erledigt. In weiten Teilen Europas und Amerikas standen die 50er-Jahre im Zeichen des Stereotyps *Hausfrau und Mutter.* Auch die aufkeimende Jugendkultur war, bis tief in die Songlyrik des Rock 'n' Roll hinein, von sexistischen Denkmustern durchtränkt. Immerhin: Im Grundgesetz der Bundesrepublik Deutschland gelang es dessen vier »Müttern« (denen 61 »Väter« gegenüberstanden), den Satz »Männer und Frauen sind gleichberechtigt« festzuschreiben. Dieser Beteuerung entsprach aber nicht die Rechtspraxis. Es vergingen Jahrzehnte, ehe im Bürgerlichen Gesetzbuch zum Beispiel nicht mehr der Mann als »Oberhaupt der Familie« galt.

Nicht ganz so lange dauerte es, bis Simone de Beauvoirs Buch doch noch eine Welle ins Rollen brachte: den *Second-Wave Feminism*, dessen wichtigste Veröffentlichungen – wie Betty Friedans *The Feminine Mystique* (1963), Kate Milletts *Sexual Politics* oder Germaine Greers *The Female Eunuch* (beide 1970) – sich ausdrücklich auf *Le deuxième sexe* als Grundlage beriefen.

Das tat, wieder zwanzig Jahre später, auch die Philosophin Judith Butler in ihrem Buch *Gender Trouble,* das seither Beauvoirs großen Wurf als der am heftigsten diskutierte feministische Text abgelöst hat. Heute mutet es seltsam an, dass der Titel *Gender Trouble* in der Übersetzung von Kathrina Menke nicht beibehalten wurde. Doch in den frühen Neunzigern war Gender im deutschen Sprachraum noch kein geläufiges Wort. Daher der Umweg über eine Anspielung auf Sigmund Freud: *Das Unbehagen der Geschlechter.*

Der Name Judith Butler ist in der Genderdebatte nach wie vor ein Reizwort. An Butler vor allem wird festgemacht, dass es bei biologischen und sozial zugewiesenen Geschlechtern die binäre Übersichtlichkeit nicht mehr geben soll. Welcher Volte verdankt sie diesen Ruhm und Ruch? Simone de Beauvoir hatte ja bereits festgestellt, dass es »keine scharfe biologische Trennung zwischen den beiden Geschlechtern« gebe. Und in der Zwischenzeit hatten, im Anschluss an die aus den USA herüberschwappende *Zweite Welle,* europäische Autorinnen wie Hélène Cixous, Luce Irigaray, Julia Kristeva und Monique Wittig feministische Theorie mit Strukturalismus, Dekonstruktion und der von Jacques Lacan weiterentwickelten Psychoanalyse verbunden und damit auf unterschiedlichen Wegen eine Subversion der für das Patriarchat fundamentalen »Gesetze des Vaters« betrieben. Doch fassten sie ihre Ansätze in dem Konzept *Écriture féminine* zusammen, das zumindest als Wort nicht bedrohlich für das binäre Schema erscheint.

Judith Butler ging konfrontativer vor. Sie legte den Fokus nicht auf Feminines, sondern auf die Kategorie Geschlecht als solche. Mit einem »genealogischen« Verfahren, wie es Michel Foucault als »Form der kritischen Untersuchung« eingeführt hatte, analysierte sie, welche Art von »Macht in der Produktion des binären Rahmens, der das Denken über die Geschlechtsidentität bestimmt, am Werke ist«. Dabei stieß sie auf zwei »definierende Institutionen«: den »Phallogozentrismus« und die »Zwangsheterosexualität«.

Den Begriff *Phallogozentrismus* prägte Jacques Derrida, um zu resümieren, dass der Logozentrismus – die metaphysische Überhöhung des gesprochenen Worts – zugleich ein Phallozentrismus sei: die metaphysische Überhöhung des Phallus; die Durchsetzung patriarchaler Männlichkeit als einzige Perspektive der Weltwahrnehmung. In Judith Butlers Lesart verweisen dementsprechend die Kategorien *männlich* und *weiblich* nicht auf natürliche Gegebenheiten. Sie werden durch rituell wiederholte Sprechakte oder »performances« im Dienst einer binären, heterosexuellen Norm hervorgebracht und am Leben erhalten.

Das ist der Punkt, an dem Butlers Ansatz in der Gemeinde des gesunden Menschenverstands schäumende Wut auslöst

und auch einem Teil der feministischen Bewegung sauer auf-
stößt. Was wir Mann und Frau nennen, soll nichts Verbind-
liches mit körperlichen Merkmalen zu tun haben, sondern
allein durch Verfügungen aus der »heterosexuellen Matrix«
konstruiert sein? Wo Simone de Beauvoir und nach ihr die
Zweite Welle des Feminismus noch danach strebten, das
Weibliche aus dem Gefängnis der männlich bestimmten
Sozialisation zu befreien und zu eigener Deutungshoheit
zu ermächtigen, verwirft Butler die Unterscheidung von
Geschlecht und Gender im Ganzen. Sie feiert eine »Verviel-
fältigung« der »kulturellen Konfigurationen von Geschlecht
und Geschlechtsidentität«, welche »die Geschlechter-Binari-
tät in Verwirrung bringt und ihre grundlegende Unnatürlich-
keit enthüllt«.

An anderer Stelle schreibt sie: »Die feministische Kritik
muss einerseits die totalisierenden Ansprüche einer masku-
linen Bedeutungs-Ökonomie untersuchen, aber andererseits gegenüber den totalisierenden Gesten des Feminismus
selbstkritisch bleiben.« Die »Grundprämisse feministischer
Politik« solle »nicht mehr in einem stabilen Begriff der
Geschlechtsidentität« liegen. Stattdessen gelte es, »die verän-
derlichen Konstruktionen von Identität als methodische und
normative Voraussetzung [...], wenn nicht gar als politisches
Ziel« zu begreifen.

Diese Kampfansage an das binäre Schema, in ihrer Verknüpfung von feministischer Theorie, dekonstruktiver
Methodik und dem Ruf nach gesellschaftspolitischen Kon-
sequenzen, scheint bei vielen Menschen Urängste freizuset-

zen. Butler wird zur Judith, die dem Holofernes *Patriarchat* den Kopf abschlägt – oder war es doch der Schwanz? Und wie immer, wenn subversives Denken auf die sinnhaften Fiktionen übergreift, an denen wir alltäglich Halt im sozialen Raum suchen, reagieren die Hüter*innen des Logos mit schriller Verleumdung. Der Angriff auf die herrschende Ideologie wird seinerseits zur Ideologie erklärt und zugleich zum Spleen, den eine Gruppe verkopfter und aggressiver Randständiger der Mehrheit aufzwingen wolle: *Plötzlich soll es nicht mehr Männlein und Weiblein geben? Grotesk. Lächerlich. Wider die Natur. Sieht doch jeder, dass das Schwachsinn ist.* Und so weiter.

Zumal es Judith Butler ihren Hatern in gewisser Weise leicht macht. Stilistisch sind vor allem ihre früheren Schriften eine Zumutung – Steilvorlagen für Spott über verschrobenen oder verhobenen akademischen Jargon. In einer extrem polarisierten US-Gesellschaft, die oft wie ein gigantischer Freilandversuch zum Scheitern des binären Schemas wirkt, verkörpert Butler allzu bereitwillig das Klischee von der kalifornischen Linksliberalen. Und dass sie die tendenziell antisemitische Kampagne BDS unterstützt, hat auch viele derer vor den Kopf gestoßen, die ihren Haltungen sonst wohlwollend gegenüberstehen. (Ein gelinde gesagt schwieriges Thema, zumal sie darauf beharrt, die Entscheidung pro BDS bewusst als Jüdin getroffen zu haben. In Reaktion auf die Proteste gegen ihre Auszeichnung mit dem Frankfurter Adorno-Preis 2012 schrieb Butler in der *Zeit:* »Ich verstehe mich als jemand, der eine jüdische ethische Tradition verteidigt und diese im Sinne von beispielsweise Martin Buber und Hannah Arendt fortführt.« Sie vertrete »radikale ethische Positionen auf der Grundlage des jüdischen philosophischen Denkens.«)

So oder so: Butlers Vorstöße zur Auflösung der Gender-Binarität bilden bis heute eine der wichtigsten Grundlagen für den Trans-Aktivismus. Sie definiert sich inzwischen selbst als nonbinär (behält aber die Pronomina *she* und *her* für sich bei). Auch innerhalb der Genderdebatte bleibt sie eine umstrittene, aber unbestritten sehr inspirierende Denkerin. Ihre Dekonstruktion der Dichotomie männlich/weiblich – die sie nach *Gender Trouble* in Büchern wie *Bodies that matter* (1993) und *Undoing Gender* (2004) weiterführte – bahnte den Weg für viele der heute gängigen Strategien zur Artikulierung und Anerkennung nichtbinärer Geschlechts-identitäten.

Zugleich haben Butlers Analysen den Feminismus in eine Krise gestürzt, die von vielen als Spaltung der Bewegung wahrgenommen wird. Sie empfinden die Abkehr vom binären Schema als Verrat am Projekt der Emanzipation. Das Weibli-che als Kategorie aufzulösen, anstatt es für den Kampf gegen männliche Dominanz zu stärken, erscheint ihnen als schwe-rer taktischer Fehler. Mittlerweile haben sich beide Haltun-gen so weit radikalisiert, dass der Eindruck einer neuen binä-ren Konfrontation entstehen kann: Trans-Bewegung gegen »Terf« (»Trans-exkludierender radikaler Feminismus«). Auf der einen Seite wird die Klage erhoben, die Trans-Bewegung zerstöre Schutzräume für Frauen – der aktuell bekannteste Streitfall dürfte die im Januar 2023 wegen zweifacher Vergewaltigung verurteilte schottische Transperson sein, die während ihres Prozesses mit der »Geschlechtsanpassung« begonnen hatte und ins Frauengefängnis verlegt werden wollte. Auf der anderen Seite steht der Vorwurf, der »Terf« würde die Herrschaftsmechanismen des Patriarchats übernehmen, anstatt sie zu überwinden; so wird, um einen prominenten Aufreger zu nennen, in der Kampagne gegen die *Harry-Potter*-Autorin Joanne K. Rowling wegen ihrer angeblichen »Transfeindlichkeit« argumentiert.

Ich finde es schwierig, in diesem Konflikt Stellung zu beziehen. Auf abstrakter Ebene scheint mir die Sache zwar klar: Ein Feminismus, der Transpersonen ausschließt oder unter Generalverdacht stellt, macht es sich im binären Schema bequem und vollführt seine »totalisierenden Gesten« auf Kosten derer, die nicht ins Schema passen. Dieser quasireaktionäre Impuls zeigt sich zum Beispiel im Feminismus Alice Schwarzers, der anfangs ausdrücklich transinklusiv war – der bekannteste Beleg dafür ist ihr *Brief an meine Schwestern* von 1984 – und sich heute, ob sie selbst es will oder nicht, als anschlussfähig an rechte Rhetorik erweist; etwa wenn Schwarzer schreibt, der »so genannte intersektionelle Feminismus« und »die Queerszene« seien »sektiererische Absurditäten« und »Freizeitvergnügen einer Minderheit«.

In der Praxis aber kann erstens auch der Trans-Aktivismus in autoritäre Muster verfallen und aus der Dichotomie trans/cis Formen der Machtausübung ableiten; dass er mit Kampfbegriffen wie »Terf« hantiert, ist ein Anzeichen dafür. Und zweitens lässt sich die Möglichkeit, dass er als Deckmantel für Übergriffe und für sexualisierte Gewalt missbraucht wird, natürlich nicht ausschließen; der Verweis auf das Nonbinäre kann, wie so vieles auf Erden, ein bigottes Schlagwort sein. Um ein Vielfaches größer ist allerdings bisher überall die Gefahr, als nichtbinäre Person Gewalt zu erfahren.

In dem schwierigen Bündnis von Feminismus und LGBTQ+-Bewegung liegt, allen Kontroversen zum Trotz, heute die größte Hoffnung, das binäre Schema in der gesellschaftlichen Wirklichkeit hinter uns zu lassen – und ein Modell zu schaffen für weitere Kapitel dieses Emanzipationsprozesses. Zugleich wächst die Heftigkeit der Gegenreaktionen. Gegen Rückfälle in autoritäre Gewohnheiten ist auch der nonbinäre Aktivismus nicht gefeit. Die Macht der totalisierenden Praxis bleibt so spür- wie unberechenbar selbst da, wo die »heterosexuelle Matrix« aufgebrochen wird.

Wie kommen wir da raus? Wie können wir uns – nicht nur in Theorie und Gesinnung, sondern im sozialen und politischen Handeln – aus der Logik von Herrschaft und Unterwerfung befreien? Zumindest so weit wie möglich?

Vielleicht wären ein paar Anleihen bei einer radikal antiautoritären ideologischen Strömung hilfreich.

Wer hat Angst vor dem A-Wort?

Nicht Karl Marx, wie ich lange glaubte, doch immerhin Friedrich Engels schrieb den berühmten Satz, sie beide hätten »die Hegelsche Dialektik [...] vom Kopf, auf dem sie stand, wieder auf die Füße gestellt«. Dabei sprang die Erkenntnis heraus: »Es ist nicht das Bewusstsein der Menschen, das ihr Sein, sondern umgekehrt ihr gesellschaftliches Sein, das ihr Bewusstsein bestimmt.« Was wiederum tatsächlich Marx geschrieben hat.

Der aus dieser Erkenntnis abgeleitete *dialektische Materialismus* wurde zur Inspiration für scharfsinnige Analysen von Ausbeutungsverhältnissen. Er konnte präzise erklären, warum Mitte des 19. Jahrhunderts die Werktätigen verelendeten, während die Fabrikbesitzer in Saus und Braus lebten. Und er kann bis heute plausibel begründen, warum unter kapitalistischen Bedingungen kein gerechtes Wirtschaften möglich ist – und sei es, dass die Ausgebeuteten in Zeiten der Globalisierung in andalusischen Gewächshäusern »unsere« Tomaten ernten oder in Sweatshops in Bangladesh »unsere« Kleidung nähen.

Zugleich aber wurde der dialektische Materialismus zur Grundlage dessen, was Emma Goldman »die Marx'sche Kirche« nannte. Er klammert sich an das binäre Schema, bleibt den Denkfiguren und Praktiken von Macht und Unterdrückung verpflichtet. Indem sie den Spieß bloß umdrehen, weichen Marx und Engels der Frage aus, ob es außer auf dem Kopf oder auf den Füßen noch andere weltanschauliche Haltungen geben könnte.

Dabei waren zu ihren Lebzeiten längst auch Entwürfe im Umlauf, die ein nichtbinäres Denken auf ideologischer und vor allem auf konkret politischer Ebene ermöglichten. Der Ausgangspunkt des Anarchismus – in den 1790er-Jahren formuliert von Mary Wollstonecraft und William Godwin, den Eltern der *Frankenstein*-Autorin Mary Shelley; Keime anarchistischer Theorie finden sich aber bereits Jahrhunderte vor unserer Zeitrechnung, zum Beispiel bei Laotse in China oder auch bei den Sophisten und den Kynikern im antiken Griechenland; weswegen die beiden letzteren Gruppen von der obrigkeitsgläubigen Philosophie in der Nachfolge Platons und Aristoteles' so penetrant verleumdet wurden, dass »sophistisch« heute abwertend klingt und »zynisch« als Schimpfwort dient: Der Ausgangspunkt des Anarchismus war es, nicht ein Herrschaftsmodell gegen ein anderes auszutauschen, sondern die Idee von Herrschaft zu verwerfen. Für dieses Sakrileg wird der Anarchismus bis heute nicht nur von der »Marx'schen Kirche«, sondern von einer autoritären Querfront, die sich von rechts außen über fast das gesamte demokratische Spektrum bis zur dogmatischen Linken erstreckt, routinemäßig verunglimpft.

Da ich hier aber im Gegenzug nichts verherrlichen will, seien die beiden Haken an der anarchistischen Sache gleich benannt. Die edelmütig-emanzipatorischen Denk- und Handlungsansätze von Vorkämpfer*innen wie Pierre-Joseph Proudhon, Michail Bakunin, Pjotr Kropotkin oder der eben zitierten Emma Goldman dienten immer wieder als Rechtfertigung für Terroranschläge, die auch in einer nach anarchistischen Prinzipien organisierten Gesellschaft als Verbrechen eingestuft würden. Die »Propaganda der Tat«, wie sie viele Anarchist*innen des späten 19. und frühen 20. Jahrhunderts forderten – in Antwort auf brutale Repressionen gegen ihre Anhängerschaft, sowohl in Monarchien wie dem zaristischen Russland oder dem bourbonischen Spanien als auch in demokratischen Systemen wie dem Frankreich der Dritten Republik oder den USA –, beschränkte sich nicht auf Attacken gegen die Mächtigen. Zwar ließen zwischen 1894 und 1913 ein französischer Präsident, zwei spanische Premierminister, eine österreichische Kaisergemahlin, ein italienischer und ein griechischer König sowie ein US-Präsident bei anarchistischen Attentaten ihr Leben. Doch weit höher war die Zahl der Todesopfer und Verletzten, die sich selbst mit dem fragwürdigen Kriterium einer revolutionären Notwehr nicht rechtfertigen ließen. Etwa bei Bombenanschlägen auf ein Mietshaus, ein Restaurant, ein Opernhaus oder eine Fronleichnamsprozession.

Anstatt die Revolution zu befeuern, blieben die Attentate als Makel an der Bewegung als ganzer hängen. Hier war die Propaganda der Herrschenden ungleich wirksamer als die »Propaganda der Tat«. Das mag einerseits kaum verwundern. Andererseits steht dieses Bild vom Anarchismus in seltsamem Kontrast zu dem vom Marxismus, in dessen Namen ja Gräuel in unvergleichlich größerem Ausmaß begangen worden sind – von Lenin bis Stalin, von Mao Zedong bis Pol Pot. Und doch wahrt der Marxismus noch einigermaßen den Nimbus, ihm lägen zumindest gute Absichten zugrunde. Hingegen prägten Aktionen einzelner Wirrköpfe, die sich in ihrer Mordlust auf anarchistisches Gedankengut beriefen, das vorherrschende Stereotyp vom Anarchismus weit mehr, als es die zumeist rührend friedfertigen Gesellschaftsentwürfe seiner Vordenker*innen taten. Bis tief ins linksliberale Milieu hinein sind noch heute die stärksten (und leider oft einzigen) Assoziationen, die das Wort Anarchismus weckt, Gewalt und Chaos. Wenn einen ehemaligen Präsidentenberater in den USA späte Reue packt, weil er George W. Bush 2003 zum Krieg gegen den Irak drängte, sagt er Sätze wie: »Ein Jahr der Anarchie kann schlimmer sein als hundert Jahre Tyrannei.« Und der *Spiegel* macht daraus die Überschrift für einen Artikel. So geschehen im März 2023. Das könnte man zynisch finden, wenn zynisch ein brauchbares Schimpfwort wäre.

Das zweite große Problem mit dem Anarchismus liegt in der Möglichkeit, seinen Freiheitsbegriff individuell-egoistisch auszulegen. Eins der komplexeren anarchistischen Argumente besteht darin, aus der Freiheit des einzelnen Menschen kein *Jeder gegen jeden* abzuleiten, sondern ein *Alle füreinander*. Sobald aber der Aspekt der kollektiven Solidarität unter den Tisch fällt, kann die Forderung nach freier Entfaltung des Einzelnen zum Nährboden für Ideologien der Eigensucht werden. Im Extremfall schlägt sie in selbstherrliche Fantasmen wie den »Objektivismus« Ayn Rands um, der Hausgöttin der markttradikalen Libertären in den USA. Und wie nah der »individuelle Anarchismus« sogar beim Faschismus liegen kann, zeigt der Fall des italienischen Diktators Benito Mussolini, der sich in jungen Jahren für einen Anarchisten hielt.

Doch genug gestänkert. Diesseits aller Missbräuche anarchistischer Ansätze liegt die disruptive emanzipatorische Kraft des anarchistischen Denkens in seiner Absage an das Autoritäre. Wo die berühmten Umstürzler Marx und Engels einen Ausweg aus dem Elend des Proletariats vorgaben, der seinerseits in eine Diktatur führen sollte – die der Partei; angeblich zwar ein vorübergehender Zustand auf dem Weg zur Herrschaftslosigkeit, die aber im Marxismus nicht über ein dahingenuscheltes Glaubensbekenntnis hinausgeht –, strebten die Anarchist*innen ohne doppelte Böden und taktische Verzögerungen eine herrschaftslose Gesellschaft an. Aus der Erkenntnis, dass das Elend der Vielen in der Macht der Wenigen begründet liegt, folgerten sie nicht, dass stattdessen andere an der Macht sein sollten. Sondern, dass nicht geherrscht werden sollte.

Das ist das Revolutionäre am anarchistischen Verständnis von Freiheit: Es geht um die Freiheit von Herrschaft, nicht um die Freiheit zu herrschen. Verworfen – nicht bloß verlagert – wird das Konzept der metaphysisch gerechtfertigten Autorität, eben jenes Prinzip von Herrschaft und Unterordnung, in dem das binäre Schema gründet. In Pjotr Kropotkins Worten: »Wir wollen die Freiheit, und wir glauben, dass ihre Existenz unvereinbar ist mit irgendeiner Herrschaft, welches deren Ursprung und Form auch sein mag, sei sie gewählt oder aufgezwungen, monarchisch oder republikanisch, ob sie sich auf göttliches Recht oder Volksrecht beruft.«

Der Schritt zu dieser Haltung ist radikaler als der Schritt zum Verzicht auf Gott. Mit dem Abschied von göttlichen Instanzen feierte das westliche Denken vor allem das Gefühl seiner eigenen Machtvollkommenheit. Es hatte keine übernatürlichen Aufseher mehr nötig, weil es die Angst vor dem Unerklärlichen überwunden und begonnen hatte, sich selbst für das Maß aller Dinge zu halten. Die gewohnten hierarchischen und hierarchisierenden Formen der Weltanschauung behielt es aber bei, als seien sie auch ohne die Annahme einer himmlischen Autorität selbstverständlich. Aus der Perspektive der Metaphysik und der totalisierenden Praxis erscheint es nicht nur abwegig, dem Konzept Herrschaft zu entsagen, sondern unmöglich. Daher die ritualisierte Entrüstung, die das Streben nach Anarchie – ἀναρχία, die Herrschaftslosigkeit, wörtlich eher Nichtherrschaft oder Unherrschaft – bei autoritären Persönlichkeiten querbeet hervorruft.

Die Reaktionen auf den Anarchismus gleichen strukturell weitgehend denen auf die Dekonstruktion und auf die Trans-Bewegung. Ich sage strukturell, weil ich mit der Gleichsetzung nicht übertreiben möchte. Ob sich, wie im Fall der Dekonstruktion, der Disput an Hochschulen und im Feuilleton abspielt; ob, wie im Fall der Trans-Bewegung, ein »Kulturkampf« um den Umgang mit nichtbinären Geschlechtsidentitäten im Gang ist; oder ob, wie im Fall des Anarchismus, eine politische Strömung, sobald sie erheblichen Einfluss gewinnt, mit militärischen Mitteln verhindert wird: Das sind doch drei sehr verschiedene Größenordnungen zwischen Papierkrieg und der »zermalmenden Macht des zentralisierten Staates« (um noch einmal Kropotkin zu zitieren).

Ein großer Unterschied zwischen Anarchismus und Dekonstruktion liegt darin, dass sich der Anarchismus – entgegen den über ihn verbreiteten Vorurteilen und auch der gelegentlich in seinem Namen gepflegten Chaos-Romantik – nicht als subversive, sondern als zutiefst konstruktive Bewegung versteht. Die Überwindung des Prinzips Herrschaft soll ein besseres und freieres, ein friedliches und solidarisches Miteinander ergeben, im Zeichen der *gegenseitigen Hilfe.* Ja, das ist unerschrocken utopisch, das lässt sich teilweise als naiv abtun, und ja, das richtet sich zwar rigoros gegen die Dichotomie von Herrschaft und Unterordnung, ist aber auf seine Weise meist dennoch metaphysischen Vorstellungen verhaftet – zumindest in Gestalt der humanistischen Ideale der Aufklärung. Da wird glühend an das Gute im Menschen geglaubt, an den »Geist der Revolte [...] gegen alles, was die menschliche Entfaltung hemmt«, an die »wahre gesellschaftliche Harmonie«, die sich ausbreiten wird, sobald »die Befreiung des menschlichen Geistes von der Beherrschung durch Religion, die Befreiung des menschlichen Körpers von der Beherrschung durch Eigentum, die Befreiung von den Fesseln und Beschränkungen der Regierung« erreicht ist (die Zitate sind von Emma Goldman).

Allerdings trat der Anarchismus ja nicht als akademische Disziplin an, sondern als politische Massenbewegung. Er richtete sich an alle Benachteiligten – ausdrücklich auch an das von Karl Marx verachtete »Lumpenproletariat« – und, im weiteren Sinn, an alle Menschen. Manche seiner Texte folgen den Regeln für wissenschaftliche Abhandlungen, doch selbst sie haben eine ausgeprägte agitatorische Komponente.

Als der Anarchismus noch an sich glaubte, erlaubte er sich wenige Spitzfindigkeiten. Er wollte keine Lehrstühle, er wollte eine andere Gesellschaft.

Wie tief er das binäre Schema in seinen Grundfesten erschütterte, zeigt sich daran, wie die Rivalität mit seinem ideologischen Nachbarn eskalierte: dem Kommunismus marxistischer Prägung – oder, um noch einmal das hübsche Wort von der »Marx'schen Kirche« zu verwenden, eben-dieser Kirche und ihren bolschewistischen, trotzkistischen, stalinistischen und maoistischen Konfessionen. Schon 1869 schrieb Hohepriester Marx an Kardinal Engels über Michail Bakunin: »Er soll sich in Acht nehmen. Sonst wird er offiziell exkommuniziert.«

Ein Bündnis der beiden großen Strömungen der Arbeiter-bewegung hätte nahegelegen. Mit vereinten Kräften wären sie imstande gewesen, ein enormes revolutionäres Potenzial freizusetzen. Beide mobilisierten damals Massen; in Frank-reich, Italien und Spanien war anfangs jahrzehntelang die Anhängerschaft des Anarchismus viel größer als die des Mar-xismus. Aber Marx, »von Kopf bis Fuß ein Autoritärer«, wie wiederum Bakunin über ihn schrieb (dessen Verhältnis zum Rivalen immer zwischen Bewunderung für seine Gelehrsam-keit und allzu gutmütigem Missfallen an seiner Eitelkeit und Heimtücke schwankte), tat alles, um die strategische Allianz zu hintertreiben. 1872 sorgte er dafür, dass die Anarchist*in-nen aus der *Internationale* exkommuniziert wurden, seither gingen die beiden Bewegungen sozusagen offiziell getrennte Wege. Für diejenigen, die im Namen des »Menschenrechts«

und für die »Verdammten dieser Erde« die Diktatur ihrer Partei durchsetzen wollen, war die Absage an das Prinzip Herrschaft ein besonders rotes Tuch.

Wo das Bündnis doch noch zustande zu kommen schien, verhielt sich darin der Marxismus als gewissenloser Intrigant und der Anarchismus als treuherziger Naivling. So geschah es bei der Russischen Revolution, als Lenin die Anarchist*innen umschmeichelte, bis mit ihrer Hilfe das zaristische Regime gestürzt war. Danach ließ er sie systematisch verfolgen, inhaftieren und ermorden. Kropotkin, der auf seine alten Tage voller Hoffnung aus dem Exil zurückgekehrt war, starb ernüchtert und kaltgestellt in einer kleinen Provinzstadt. Emma Goldman, die Ende 1919 aus den USA nach Sowjetrussland abgeschoben wurde, floh nach nicht einmal zwei Jahren wieder von dort und blieb für den Rest ihres Lebens eine erbitterte Anklägerin der »bolschewistischen Lüge«.

Und so geschah es auch im Spanischen Bürgerkrieg, als die anarchistischen Milizen um Buenaventura Durruti in Katalonien die Truppen der putschenden Generäle zurückgeschlagen hatten. Die stalinhörigen Kommunist*innen bauten daraufhin zunächst im Stillen ihre Machtbasis im republikanischen Lager aus. Sie lavierten ihre Leute in einflussreiche Ämter, suchten die Nähe zu den bürgerlichen Parteien, mit denen sie das Interesse einte, die »soziale Revolution« – sprich: die Abschaffung hierarchischer Strukturen in der Gesellschaft – zu verhindern, und sie verbreiteten »schwarze Propaganda«, also Fake News, um den Rückhalt der anarchistischen Bewegung zu zersetzen. Mit den sogenannten Maiereignissen 1937 in Barcelona schlug die Sabotage in Waffengewalt um. Nach fünf Tagen »Krieg im Krieg« mit mehreren hundert Todesopfern rückte die Guardia de Asalto, paramilitärische Elitetruppe der Zentralregierung, in die Stadt ein und übernahm die Kontrolle. Damit endete nicht nur, was vom *kurzen Sommer der Anarchie* übrig war, sondern zugleich die Phase des Bürgerkriegs, in der die Rebellion von rechts noch zu scheitern schien. Den größten Anteil an dieser Wende hatte zweifellos die mörderische Unterstützung, die Franco von Nazideutschland in Gestalt der »Legion Condor« erhielt. Doch auch der Kampf des autoritären Kommunismus gegen den Anarchismus trug entscheidend dazu bei, dass Spanien für fast vier Jahrzehnte zur »nationalkatholischen« Autokratie erstarrte.

Der Anarchismus als politische Bewegung hat sich von dem Verrat im Spanischen Bürgerkrieg nicht mehr erholt. Wo er nicht verteufelt wird, bleibt er in Gestalt von Heldensagen oder Märtyrerlegenden im kollektiven Gedächtnis. Immerhin erzeugte er den Mythos, dass er, anders als der Marxismus mit dem Ende des Ostblocks, nie in sich selbst zusammengebrochen sei. Zwar wurde er auch nur in zwei Fällen und jeweils nur für kurze Zeit auf größerer Fläche praktiziert, doch in beiden konnte ihm allein Gewalt von außen ein Ende bereiten. Das galt für Katalonien wie für die *Machnowschtschina,* die ab 1917 Teile der Ukraine zu einer nach anarchistischen Ideen selbstverwalteten Zone machte. Ihren Namen verdankte die Bewegung dem Partisanen und

Sozialvisionär Nestor Machno. Nachdem die Bolschewiki im Bürgerkrieg gegen die »Weiße Garde« noch die Kampfkraft der anarchistischen Guerilla genutzt hatten, wurde die Machnowschtschina 1921 von der Roten Armee zerschlagen.

Doch genug vom Staatsterror; zurück zum Nichtbinären. Als die Dekonstruktion an den Hochschulen florierte, wurde sie vereinzelt mit anarchistischer Theorie vermengt. Die damals schwer angesagte Vorsilbe »Post-« machte auch an dieser Stelle nicht Halt, und so riefen einige Autor*innen in den Neunzigern den »Postanarchismus« aus, während sie Gedankengut aus den heroischen Zeiten der Bewegung mit Methoden Foucaults, Derridas oder Lacans abklopften. Vom *Der Mensch ist gut*-Optimismus der anarchistischen Klassiker blieb dabei wenig übrig, ihre Thesen zum Klassenkampf wurden für veraltet befunden und ihre blinden Flecken, zum Beispiel hinsichtlich rassistischer Praktiken oder der Freiheitskämpfe indigener Bevölkerungen, ausgeleuchtet. So widersinnig das Präfix »Post-« in Verbindung mit »Anarchismus« nicht nur auf grammatischer Ebene erscheint (Handreichungen für die Phase nach der Herrschaftslosigkeit? Sind wir schon so weit und haben es bloß nicht gemerkt?), hätten diese Aktualisierungen, wie ich finde, noch großes Potenzial. Doch sie wurden kaum fortgesetzt, als das Dekonstruieren aus der Mode kam. Die bekannteren Publikationen des Postanarchismus – Todd Mays *The Political Philosophy of Poststructuralist Anarchism* (1994), Saul Newmans *From Bakunin to Lacan. Anti-Authoritarianism and the Dislocation of Power* (2001) oder der von Jürgen Mümken herausgegebene

Sammelband *Anarchismus in der Postmoderne. Beiträge zur anarchistischen Theorie und Praxis* (2005) – liegen lange zurück. Viel ist nicht nachgekommen.

Ähnliches gilt leider auch für den »Anarchafeminisimus«, der seit Ende der 70er-Jahre an die feministische Arbeit von Anarchistinnen wie Louise Michel, Emma Goldman, Federica Montseny und der Organisation *Mujeres Libres* im Spanischen Bürgerkrieg anknüpfte. Er saß von Beginn an zwischen den Stühlen. Die Feministinnen der Zweiten Welle begegneten ihm, sofern sie ihn überhaupt beachteten, mit Misstrauen, weil er die Befreiung der Frau aus dem Patriarchat nicht als das große Ziel, sondern nur als einen Schritt auf dem Weg zur Herrschaftslosigkeit ansah. Und als feministische und anarchistische Denker*innen jeweils den Dialog mit der Dekonstruktion suchten, blieb der Anarchafeminismus außen vor. Judith Butler und ihre Gefolgschaft ignorierten ihn und anscheinend er sie auch. Selbst Jürgen Mümken, dem gewissenhaften Chronisten des Postanarchismus, ist kein solcher Austausch bekannt: »In den 90er-Jahren war der feministische Diskurs von der Auseinandersetzung um poststrukturalistische und dekonstruktivistische Ansätze geprägt. Ob dieser Diskurs Eingang in den Anarchafeminismus gefunden hat, kann ich nicht beurteilen.«

Entsprechend haben sich auch der Queer-Feminismus, der sich im Anschluss an Butlers *Gender Trouble* ausprägte, und die mit ihm weitgehend kongruente Trans-Bewegung bisher selten mit dem Anarchismus kurzgeschlossen. Ich finde das einerseits erstaunlich, andererseits vermute ich, dass Berührungsängste eine Rolle spielen. Die Mühen der autoritären Querfront, aus *Anarchismus* ein Unwort und Unding zu machen, fruchten sogar in genderaktivistischen Kreisen. Und so befinden wir uns in einer seltsam verschämten Phase, in der Anarchismus selbst da, wo er vorkommt, kaum beim Namen genannt wird.

Sowohl in der globalisierungskritischen Bewegung um die Jahrtausendwende, deren Fanale die Massenproteste gegen die WTO-Ministerkonferenz Ende 1999 in Seattle und gegen den G8-Gipfel in Genua im Juli 2001 waren, als auch zehn Jahre später im Rahmen des *Arabischen Frühlings*, der *Indignados-* und der *Occupy*-Bewegung – und in letzter Zeit bei *Fridays for Future* und der *Letzten Generation* – spielten und spielen anarchistische Praktiken eine wichtige Rolle, vor allem bei der dezentralen, nichthierarchischen Organisation der Proteste. Doch bislang wurde kein breiteres Revival anarchistischer Theorie daraus. Der Anthropologe David Graeber, der uns mit dem Begriff *Bullshit Jobs* beschenkte und zudem als Erfinder des Occupy-Slogans *We are the 99 %* gilt (wobei er selbst betonte, es handle sich um eine kollektive Schöpfung), ragt als ein ziemlich einsamer Leuchtturm auf. Ihm gelang es immer wieder, anarchistisches Gedankengut für heute drängende Fragen produktiv zu machen und damit sogar weltweite Bestseller zu landen, zumal er einen sehr zugänglichen, charmantpolemischen Ton mit viel Sinn für das Komische anschlug. Leider ist David Graeber mit nicht einmal sechzig Jahren im September 2020 gestorben.

Er hinterließ das gemeinsam mit dem Archäologen David Wengrow verfasste Buch *The Dawn of Everything*, dessen Anspruch kein geringerer ist, als »eine neue Geschichte der Menschheit« zu erzählen. In der Tat holen die beiden Davids weit aus. Mit einer unfassbaren Beispielfülle rekonstruieren sie den Werdegang unserer Spezies von der Altsteinzeit bis ins »Anthropozän« als ein Wedernoch: Weder ging menschliche Kultur aus einem »Krieg aller gegen alle« hervor – die berüchtigte Hypothese von Thomas Hobbes – noch aus einem friedlich-naiven »Naturzustand«, wie ihn Jean-Jacques Rousseau postulierte. Vielmehr sei die Menschheitsgeschichte über Zehntausende von Jahren ein Nebeneinander von und Oszillieren zwischen verschiedenen Modellen von Gemeinschaft gewesen, ein Experimentieren mit immer neuen Formen von Abgrenzung und Verschmelzung. Auch die Lehre, dass aufs Jagen und Sammeln als nächste Zivilisationsstufe die Landwirtschaft folgte, verwirft das Duo. Über wiederum Tausende von Jahren koexistierten beide Lebensweisen, und etliche Gruppen wechselten zwischen ihnen hin und her. Das Gleiche galt für egalitäre und hierarchische Gesellschaftsentwürfe. Bis eine Verkettung dummer Zufälle dazu führte, dass weite Teile der Menschheit steckenblieben: im binären Schema, um es im Jargon dieses Essays zu sagen. In der Dichotomie von Herrschaft und Unterordnung.

Allerdings wird mein Mini-Resümee dem großartigen und zum Glück durchweg gefeierten Wälzer von Graeber und Wengrow alles andere als gerecht. Ich empfehle dringend, ihn zu lesen, und ich wünsche mir, es möge hinter den Paradigmenwechsel, den er einläutet, kein Zurück mehr geben.

Ach ja: Noch ein weiterer Autor erbrachte in den letzten Jahren den Beweis, dass, wenn nicht der Name, so doch die Ideen des Anarchismus für internationale Bucherfolge gut sind – der niederländische Historiker Rutger Bregman. Mit *De meeste mensen deugen* (auf Deutsch als *Im Grunde gut* erschienen) legte er 2019 eine Art gestrafftes Update von Pjotr Kropotkins *Gegenseitige Hilfe* vor. Ebenfalls eine sehr anregende Lektüre, wobei ich in diesem Fall das »Original« vorziehe.

Es hat mit dem Anarchismus eine eigenartige Bewandtnis. In gewisser Weise scheint er in der Luft zu liegen, aber noch wirkt das Tabu, das im Namen des binären Schemas über ihn verhängt wurde. Als Teil der »Gegengeschichte« bezeichnete Hans Magnus Enzensberger in *Der kurze Sommer der Anarchie* die Erinnerung an Durruti und die Chronik der anarchistischen Bewegung. Wo der Raum für das Nonbinäre geöffnet oder erweitert wird, sollte diese Geschichte keine »Gegengeschichte« mehr sein.

Ein unverhofftes neues Kapitel fügte ihr im jungen 21. Jahrhundert José Mujica hinzu, der Ex-Guerillero, der von 2010 bis 2015 Präsident Uruguays war. Setzen wir uns über den Widerspruch hinweg, dass ein Anarchist kein Staatschef sein kann, so bietet Mujica ein erbauliches Beispiel dafür, wie sich eine von anarchistischen Ideen beseelte Politik heute umsetzen lässt. Er legte wirksame Sozialprogramme auf, verdoppelte den Mindestlohn und erreichte während seines Mandats eine Halbierung der Armutsrate in Uruguay. Er legalisierte Schwangerschaftsabbrüche, die »Homo-Ehe« und den Handel mit Cannabis, er betrieb den Ausbau erneuerbarer Energiequellen. Zu den einstigen Verbündeten Hugo Chávez in Venezuela und Evo Morales in Bolivien ging er auf Distanz, als deren »Sozialismus des 21. Jahrhunderts« ins Autokratische abkippte. Seiner politischen Haltung entsprach die Verweigerung, sich dem pompösen Lebensstil der Mächtigen anzupassen. Mujica begnügte sich mit zehn Prozent des Präsidentengehalts, den Rest gab er an wohltätige Organisationen weiter. Er zog nicht in den Präsidentenpalast, sondern blieb in seinem winzigen Bauernhaus bei Montevideo wohnen, zusammen mit seiner Ehefrau und früheren Kampfgefährtin Lucía Topolansky und der dreibeinigen Hündin Manuela. Er bewegte sich meistens auf einem alten Fahrrad fort oder in einem himmelblauen VW Käfer. Am Ende seiner Amtszeit hinterließ der knapp 80-Jährige das Land »mit einer relativ gesunden Wirtschaft und einer sozialen Stabilität, von der die großen Nachbarn nur träumen konnten«, wie die BBC resümierte.

Der Anarchismus – wenn das Wort solches Unbehagen bereitet, ließe es sich ja gegen andere Etiketten austauschen – bietet eine Reihe politischer Strategien, um dem binären Schema zu entrinnen. Er könnte zur nonbinären Theorie die sozialen Praktiken beisteuern (vielfach tut er es bereits, anonym). Die Dekonstruktion könnte ihn von seinen metaphysischen Schlacken befreien und er sie von ihrer Neigung zum intellektuellen Selbstzweck. Für den Trans-Aktivismus und für viele andere Emanzipationsbewegungen könnte er Wege bahnen, um identitätspolitische Fallstricke zu umgehen und trotzdem allen Stimmen Raum und Gehör zu verschaffen. Seine großen Visionen – den Staat aufzulösen, die institutionelle Ordnung der Gesellschaft durch Modelle der Selbstorganisation zu ersetzen, anstelle der Hierarchien im Wirtschaftsleben den libertären Kommunismus auszurufen *(Jede nach ihren Fähigkeiten, jede nach ihren Bedürfnissen!)* – wären vielleicht gewaltlose Fernziele, vielleicht blaue Blumen, vielleicht nostalgische Spinnereien. Auf sie ist aber nicht angewiesen, wer sich im Denken und Handeln von der Idee eines Lebens ohne Herrschaft inspirieren lassen und an der Überwindung des binären Schemas arbeiten will.

Oder, um es mit einer Romanfigur zu sagen – dem Vater der Protagonistin Trini in Joan Sales' *Incerta glòria* (auf Deutsch als *Flüchtiger Glanz* erschienen, übersetzt von Kirsten Brandt): »Der Anarchismus ist nichts, was man mal so nebenbei an einem Tag oder in einem Jahr verwirklichen kann! Eben weil er die großartigste Unternehmung in der Geschichte der Menschheit ist, erfordert er viele Jahre, vielleicht Jahrhunderte …«

Schlusslichter

Ein Büchlein über subversives Denken kann kein *gutes Ende* nehmen. Es kann sich nicht »zum Ganzen ründen«, wie Goethe zu sagen pflegte. Vielleicht aber kann es auf seinen letzten Seiten noch ein paar Anregungen und Reizungen ausstreuen.

Jein

Wie schwer es ist, dem binären Schema zu entkommen, zeigen sämtliche Ausbruchsversuche. Oft wird der Weg über nichtwestliche Denktraditionen eingeschlagen, in der Annahme, sie hätten der abendländischen Metaphysik ganz andere Modelle der Weltordnung entgegenzusetzen, und in der Hoffnung, diese Modelle könnten uns vom Binärwahn kurieren. Die Ergebnisse sind meist ernüchternd. Als Beispiel soll hier nicht der beliebte sehnsüchtige Blick nach Fernost dienen, sondern die *andine Kosmovision.*

Die bolivianische Soziologin und Aktivistin Silvia Rivera Cusicanqui (oben schon einmal zitiert) zählt zu den prominenteren Stimmen, die von Lateinamerika aus anstelle der binären Logik eine nichtdialektische Denkbewegung verfechten. Aus der Philosophie der Aymara übernimmt sie die Auffassungsart des *ch'ixi.* Sie soll ein zugleich Anwesend- und Abwesend-Sein formulieren können oder auch eine Vermischung von Widersprüchen, ohne dass diese sich beim Mischen auflösen. Mit Rivera Cusicanqui selbst gesprochen: »In der Grammatik der Aymara kannst du [...] sagen, dass etwas gleichzeitig ist und nicht ist. *Jisa* heißt ja, *jani* heißt

nein, und *inasa* kann sowohl ja als auch nein bedeuten.«
Und an anderer Stelle: »Der Begriff *ch'ixi* […] entspricht […]
der Koexistenz vieler kultureller Unterschiede, die nicht ver-
schmelzen, sondern entweder im Widerspruch bleiben oder
sich ergänzen. Jeder Unterschied reproduziert sich aus der
Tiefe der Vergangenheit heraus und verbindet sich mit anderen in ansteckender Art und Weise.«

So erhellend und produktiv derartige Ansätze vor allem
für identitätspolitische Debatten sein können, und so gut sie
im nicht ganz und gar verwestlichen Diskurszusammenhang
der »plurinationalen« bolivianischen Gesellschaft funktio-
nieren mögen (wobei die derzeitige, von Aymara dominierte
Regierung Boliviens ihre autokratischen Anwandlungen in
unbeirrt binärer Weise auslebt; jeder Protest, selbst wenn er
aus der indigenen Bevölkerung kommt, wird als »rassistisch«
abgestempelt, jegliche Opposition als »die Rechte«, und wer
zu sehr aufmuckt, bekommt es mit den *grupos de choque* zu
tun, den Schlägertrupps der Partei): Visionen von *ja und nein
zugleich* oder von Widersprüchen, die unaufgelöst zusam-
men- und gegeneinander wirken, erweisen sich zur Not als
ruckzuck wieder eingemeindet ins rhetorische Kolonialreich
der abendländischen Dialektik. Oder, mit den Hip-Hoppern
von Fettes Brot gesprochen: Jein.

Ein Geschenk von der spröden Schwester
Einmal in der Metaphysik befangen, kommen wir nicht mehr
ganz aus ihr hinaus. Wir können sie ablehnen und ihre Auswirkungen bekämpfen, doch zugleich bestimmt sie weiter

unsere Wahrnehmungen, unser Vermögen zu sprechen. Jede Äußerung, die wir tun, beruht auf der Illusion der Totalisierbarkeit. Sobald wir etwas in Worte fassen, nehmen wir einen Standpunkt ein, ob wir wollen oder nicht. Zugleich bleibt jeder Standpunkt haltlos, wird unablässig subvertiert von der Bewegung der *différance*.

An dieser Stelle springt der legendäre Systemtheoretiker Niklas Luhmann in die Bresche und bietet den Begriff des *Second-order Observing* an, auf Deutsch etwas sperriger *Beobachtung zweiter Ordnung* genannt. Gemeint ist, dass ein »beobachtendes System« (sagen wir der Einfachheit halber: ein Mensch) den Standpunkt in den Blick nimmt, von dem aus es seine Beobachtungen anstellt. Dafür bezieht es zwangsläufig abermals einen Standpunkt, kann diesen dann aber auch wieder beobachten – und so weiter. Das »Beobachterparadox« beschreibt eine *Mise en abyme:* Das Eingeständnis der *différance* macht aus dem Wahrnehmen ein endloses Hinterfragen, denn mit jedem Hinterfragen wird ein neues Zuhinterfragendes geschaffen.

Dabei hat die Systemtheorie ihr eigenes, ich würde sagen, ironisch-erotisches Verhältnis zum Binären. Jedes System, so erklärt sie, operiere anhand einer »Leitdifferenz«; auch die Systemtheorie selbst, ihre Leitdifferenz lautet System/Umwelt. Aber weil wir eben einerseits aus der Metaphysik nicht hinausfinden, andererseits jeden Standpunkt wieder verlassen und ihn seinerseits beobachten können, bildet das Konzept der Leitdifferenzen keine Affirmation des binären Schemas. So spröde die Systemtheorie oft daherzukommen beliebt: Bei näherem Hinsehen sind manche ihrer Verfahren anregend spielerisch. Vorneweg ihr Umgang mit dem Entweder-oder.

Sternchenthema

Was im Deutschen die Sternchen, Striche, Doppelpunkte, Großbuchstaben mitten im Wort, um ein »generisches Maskulinum« abzuschütteln, sind im Englischen die *pronouns* (von *they/their/them* bis *clown/clownself*), um aus der Dichotomie weiblich/männlich auszubrechen; im Spanischen, wo selbst der Plural binär ist, werden Buchstaben ersetzt, um Sprachraum für das Nonbinäre zu schaffen *(amigues* oder *amigxs* statt *amigas/amigos*)*; und so weiter. Es ist faszinierend – oder erschreckend –, sich klarzumachen, wie das binäre Genderschema auf Grammatiken übergreift. Noch faszinierender, die verschiedenen Ansätze zu vergleichen, mit denen die Übergriffe heute gekontert werden. Und am faszinierendsten, wie angesichts dieser Experimente überall die Konservativen toben.

Über Bestrebungen, Sprache zu »sensibilisieren«, sie so zu verändern, dass sie nicht mehr als Handlangerin des Herrschaftsdenkens dient, lässt sich wunderbar streiten. Ich kenne allerdings nur einen ernstzunehmenden Einwand gegen solche Reformversuche: dass sie ein Thema für einen exklusiven Kreis seien, für Bildungsprivilegierte mit Distinktionsdrang; dass die »normalen Leute« außen vor blieben, abgehängt oder abgeschreckt.

Beispiele für diesen Ausschlussmechanismus finden sich mühelos. Seien es aktivistische Texte, die wirken, wie in

Geheimsprache verfasst, seien es Podiumsgäste mit schwurbeligen Selbstbezeichnungen, seien es junge US-Bürger*innen, die sich auf TikTok mit ihren *pronouns* spreizen. Doch daraus, wie es die reaktionäre Kritik am »Gendergaga« tut, ein Argument zu machen, um das Anliegen pauschal als Luftnummer abzutun, ist unredlich. Erstens bedeutet jeder Fortschritt eine Umgewöhnung. Zweitens ist es in hierarchischen Gesellschaften die Regel, dass Impulse für einen Bewusstseinswandel von einer akademischen Avantgarde ausgehen; die Frage lautet, ob sie dann zum Allgemeingut werden. Drittens kann und soll der Aktivismus auch seine eigenen Herrschaftsgesten hinterfragen.

Feldzensur ist ein Begriff, der gelegentlich im Anschluss an die Forschungen des französischen Soziologen Pierre Bourdieu verwendet wird. Bourdieu beschreibt den sozialen Raum als eingeteilt in Felder – wie das ökonomische, das kulturelle, das politische, das religiöse Feld etc.; innerhalb dieser weiten lassen sich wiederum etliche spezifischere Felder ausmachen. Jedes davon hat, wie Bourdieu schreibt, seine »inhärenten Werte, Hierarchien und Zensuren«. Wer bestimmtes Vorwissen nicht mitbringt, mit unausgesprochenen Regeln nicht vertraut ist, den speziellen Jargon des Feldes nicht beherrscht, muss draußen bleiben oder kann sich nur am Rand tummeln. Lauter binäre Codes …

Derzeit findet in vielen Spielarten der Genderdebatte und benachbarter Diskurse eine Feldzensur statt. Erscheinen Begriffe wie *heteronormativ, intersektional, transitionieren* oder auch die Variationen der Abkürzung LGBTQ+ unverzichtbar für die Beschreibung von Problemen oder die Formulierung von Forderungen, so gilt es dafür zu sorgen, dass sie nicht wie Türsteher über den Zugang zur Debatte wachen, sondern allgemein verständlich werden.

Ein Negativbeispiel der bizarreren Art bietet ausgerechnet die einzige in deutscher Übersetzung verfügbare Textsammlung von Silvia Rivera Cusicanqui. Sie trägt den Titel *Ch'ixinakax utxiwa* – unerfindlich für alle, die kein Aymara sprechen, obendrein in einer besonders schwer lesbaren Type gesetzt. Warum? Die pädagogische Absicht scheint mir unschwer zu erraten. Leider verfehlt sie ihr Ziel meilenweit.

Modellcharakter

Aus der Perspektive dieses Essays ist die Genderdebatte ein Modell für die mögliche Überwindung des binären Schemas. Die praktische Umsetzung des Modells kann scheitern. Vielleicht muss sie es sogar, wenn es nicht gelingt, das binäre Schema auch jenseits der Genderdebatte aufzubrechen. Dann wird es sie sich wahrscheinlich einverleiben. Die starke Tendenz, trotz allem Gerede von Fluidität und Befreiung in autoritäre Muster zurückzufallen, zeigt, wie groß diese Gefahr ist. Zum Beispiel, wenn der Vorwurf »hat sich transphob geäußert« nicht einmal mehr belegt werden muss, um eine unliebsame Person zu diskreditieren. Oder wenn es etwa heißt, Transfrauen hätten ein tieferes Verständnis der weiblichen Anatomie als »Cis-Frauen« – die These wurde in der spanischen Trans-Bewegung mit ihrer Vorliebe für schrille Töne laut und ist hoffentlich auch dort nicht repräsentativ.

Aber performativ ist sie sehr interessant. Solches Auftrumpfen führt klassische Mansplaining-Attitüden in den Raum des Nonbinären ein. Die Frau, die als Mann »gelesen wurde« (wie es heute ja gerne heißt; zumindest im aktivistischen Sprachgebrauch lebt die Dekonstruktion), soll eben deshalb besser Bescheid wissen als Frauen, die immer als Frauen galten. So wird das Patriarchat zum Springteufelchen. Könnte man niedlich finden, bloß, wenn es einmal aus der Schachtel ist, existiert plötzlich der Raum des Nonbinären nicht mehr.

Bleiben wir für den Moment beim Konzept der sozialen Felder. Ähnlich wie im Feld der Linken die autoritären Kräfte die antiautoritären beiseite drängten und, in Gestalt der »Marx'schen Kirche«, ihre Dichotomien, Dogmen und Liturgien als eine Art Norm durchsetzten, droht auch dem Feld der Genderdebatte eine autoritäre Übernahme. *Nonbinär* wäre dann nur noch eine Worthülse. Der Modellcharakter der Genderdebatte wäre dahin.

Safe Spaces

Dass die Genderdebatte für Akteurinnen wie die Pharmaindustrie oder die plastische Chirurgie eine kommerzielle Dimension hat, liegt auf der Hand. Auch auf die Scheinheiligkeit von *Diversity*-Kampagnen in der Privatwirtschaft ist vielfach hingewiesen worden. Die kapitalistische Verwertungslogik sieht in der »queeren Community« nichts anderes als sonst wo, nämlich Kaufkraft. Den Klischees von hedonistischen Homosexuellen oder allzeit achtsamen Superwokies wird Honig um den Mund geschmiert, solange die Marktforschung ergibt, dass bei ihnen das Geld für *Lebensstil* locker sitzt. Und, ja, wenn der Erfolg der nonbinären Emanzipationsbewegung sich darauf beschränkt, dass liberale Gesellschaften in einem bestimmten Bereich noch ein bisschen liberaler werden, ist auch schon etwas gewonnen. Aber verdammt wenig.

Viel ist indessen von Safe Spaces die Rede, von Schutzräumen. Bezogen auf die Genderdebatte wären das Zonen, in denen die Gültigkeit des binären Schemas bereits ausgesetzt ist und die »heteronormative Matrix« keinen Druck mehr ausüben kann. Solche Räume finden sich bisher vor allem an Hochschulen und in Kultureinrichtungen; das sind zumindest die Orte, an denen sie am häufigsten verkündet werden. Was die Frage aufwirft, für welche gesellschaftlichen Gruppen sie praktisch zugänglich sind und für welche nicht. In einer Klassengesellschaft wie der hiesigen, die so tut, als wäre sie keine, stehen der akademisch gebildeten sogenannten Mittelschicht weitaus mehr Safe Spaces zur Verfügung als den »unteren« Klassen. Die berüchtigte »Toilettendebatte« führt obendrein dazu, dass Frauenräume zu »Flinta«-Räumen erweitert, also auch für »intergeschlechtliche, Trans- und Agender-Personen« geöffnet werden und damit der Schutz für das Nichtbinäre potenziell zulasten des Schutzes und der Intimität von Frauen geht.

Dass Safe Spaces für Transpersonen nicht unbedingt da eingerichtet werden, wo es nach der Linie dieses Essays zu vermuten wäre, zeigt zum Beispiel die von der Transfrau Jacque Chanel gegründete Freikirche *Ministério Séforas* in

São Paulo, Brasilien. Ein rührendes Irrlicht in der reaktionären Finsternis der evangelikalen Bewegungen Lateinamerikas. Als Teil einer Strömung, die sich »inklusive Theologie« nennt, ist es Anliegen dieser Kirche, denen Halt zu geben, »die ganz unten stehen, von denen niemand sonst etwas wissen will«, wie es der Journalist Niklas Franzen im März 2023 in seiner Reportage im Schweizer Online-Magazin *Republik* formulierte. Katholischerseits erstaunte einige Monate zuvor die sardische Schriftstellerin Michela Murgia mit ihrem Buch *God Save the Queer,* das als »feministischer Katechismus« antritt und aus handverlesenen Bibelstellen die Parole »Gott ist queer« ableitet. Von der Binsenweisheit abgesehen, dass man in der Bibel zur Not alles findet, was man sucht, ist es eine hübsch widersinnige Vorstellung, die Kirchen würden sich nach und nach von ihrem Anspruch, Fundament und Garantinnen des binären Schemas zu sein, verabschieden.

Austausch

Während der Arbeit an diesem Büchlein schreibe ich mir mit der Lyrikerin Juan Carlos Friebe aus Granada. Ich bewundere ihre Gedichte; einige davon für die zweisprachige Auswahl *Antagonía/Antagonie* zu übersetzen, war mir eine Ehre und große Freude. Der Austausch mit Friebe erinnert mich daran, dass auch in Zeiten des selbstbewusst lautstarken Trans-Aktivismus die Erfahrung, einem anderen Geschlecht zugeordnet zu werden als dem selbst empfundenen, meist einen stillen und schmerzvollen Prozess bedeutet. Friebe bezeichnet sich als Transperson ohne jede Verbindung zur

LGBTQ+-Bewegung. Sie begnüge sich damit, »im Rahmen meiner Möglichkeiten und Grenzen mich selbst besser kennenzulernen, um als Mensch zu wachsen, unabhängig von Kategorisierungen«. Diese »persönliche, sehr komplexe Suche« habe bereits 1980 begonnen: »Ich war 12 Jahre alt und vertraute meiner Mutter an, was mit mir los war. Ich begriff es nicht. Ich hatte keine Anhaltspunkte für das, was mir geschah, für das, was ich fühlte.«

Von der Möglichkeit, standesamtlich ihre Vornamen zu ändern, macht sie bis heute nicht Gebrauch. »Der Name ist nicht die Identität«, schreibt sie mir. »Juan Carlos Friebe ist mein literarischer Name, sozusagen mein Pseudonym.« Und sie resümiert: »Unsere Namen sind schon eine Form der binären Überdeterminierung.«

One for the Road

Zum Ausklang doch noch ein Häppchen Esoterik? Vielleicht so:

Das binäre Schema, entstanden aus dem Kummer darüber, dass nicht alles eins ist, aus dem Drang, die Vielfalt unter ein Kommando zu zwingen, und aus dem Bedürfnis, die Komplexität der Welt auf ein schlichtes Prinzip zurückzuführen, trägt den Wunsch nach seiner Überwindung immer schon in sich. Tun wir ihm und uns den Gefallen, so gut wir können.

Philipp von Wussow

Expertokratie

Über das schwierige Verhältnis
von Wissen und Macht

Mehr Mut
zum Nichtwissen!

auch als eBook

100 Seiten, Kbr, 2023
ISBN 978-3-8497-0459-9

Expertokratie – dieses Buzzword ist spätestens seit der Corona-Pandemie in aller Munde. Doch sobald wir genauer überlegen, was damit gemeint ist, verschwimmt seine Bedeutung. Hat die Kritik an der Expertokratie überhaupt einen Sinn, wenn sie sich gleichermaßen gegen die EU-Bürokratie, die sogenannte Davos-Elite und die Corona-Politik der Bundesregierung richtet?

Es fällt auf, dass heute ähnliche Fragen zum Verhältnis von Wissen und Macht auftauchen, wie sie schon von antiken Philosophen gestellt wurden: Was wissen Experten überhaupt, und was macht ihr Wissen überlegen? Welche Probleme ergeben sich, wenn wissenschaftliche Erkenntnisse in die Politik übertragen werden? Ist Expertokratie demokratisch? Und wie können wir die Expertokratie sinnvoll kritisieren, ohne auf Expertise zu verzichten?

Philipp von Wussow zeichnet in seinem Essay die geistesgeschichtlichen und begrifflichen Unschärfen eines neuen Leitbegriffs nach und stellt die überraschende These auf: Wir brauchen mehr Mut zum Nichtwissen.

Carl-Auer Verlag • www.carl-auer.de

Steve Ayan

Was man noch sagen darf

Die neue Lust am Tabu

auch als eBook

90 Seiten, Kbr, 2022
ISBN 978-3-8497-0453-7

Was darf man heute noch sagen? Eigentlich alles. Dennoch stellen sich viele Menschen genau diese Frage. Sie haben das Gefühl, man könne sich mit bestimmten Redeweisen oder Aussagen schnell den Mund verbrennen, werde für die falschen Ansichten geschasst und diffamiert. Stimmt das?

Tatsächlich laden manche den Appell zu gendergerechter, mitmeinender, antistigmatisierender oder respektvoller Sprache moralisch extrem auf. Die so erzeugte Scham soll bestimmte Aspekte und Argumente aus der Diskursarena ausschließen. Doch sie bewirkt eher das Gegenteil: Die Folgen sind Trotz und verhärtete Fronten. Letztlich dienen solche moralisierenden Vorhaltungen und das »Shaming« in sozialen Medien also nicht der Sache, sondern der Aufwertung des eigenen Egos. Es ist ein Spiel um Status und Zugehörigkeit. Andere wiederum, vor allem am rechten Rand des politischen Spektrums, reden Tabus bewusst herbei, um sich als Freiheitskämpfer zu inszenieren. Beides geht an der Realität vorbei und vergiftet die Debattenkultur. So entsteht eine Spirale aus Empörung und Tabubrüchen, die uns nicht weiterbringt.

Was wir stattdessen brauchen, ist mehr Mut zur gegenseitigen Zumutung, Klarheit im Argumentieren und ein ironisches Verhältnis zum Tabu.

„Steve Ayan verblüfft immer wieder mit Dingen, die wir eigentlich gar nicht über uns wissen wollen – aber sollten." Dr. Eckart von Hirschhausen

 Carl-Auer Verlag • www.carl-auer.de

Matthias Eckoldt

Kritik der digitalen Unvernunft

Warum unsere Gesellschaft auseinanderfällt

84 Seiten, Kbr, 2022
ISBN 978-3-8490-0415-5

Das Vertrauen in die Institutionen von Staat, Medien und Wissenschaft hat in Teilen der Bevölkerung während der Corona-Pandemie weiter abgenommen. Paradoxerweise in einer Krise, in der Zusammenhalt, koordiniertes Handeln und Aufklärung die entscheidenden Werkzeuge zu ihrer Bewältigung waren.

In seinem Essay sucht der Wissenschaftsautor und Medientheoretiker Matthias Eckoldt nach Gründen für diese neue Form der Irrationalität. Dazu taucht er tief hinab in die Strukturen des digitalen Kapitalismus, der die User:innen auf bizarre Weise zur freiwilligen Teilnahme an Experimenten zur Verhaltenssteuerung verführt, um daraus schwindelerregende Profite zu schöpfen. Die sogenannten sozialen Medien fungieren in diesem Prozess als virtuelle Trainingscamps für Extremist:innen, die stabilisierende Rolle der Massenmedien verliert an Tragkraft. Es zeichnet sich ein Bewusstseinswandel ab, und eine ganze Kulturepoche scheint ihrem Ende entgegenzutaumeln.

Carl-Auer Verlag • www.carl-auer.de